UnRead
–
思想家

三个逻辑学家去酒吧

三个逻辑学家去酒吧

Kommen drei Logiker in eine Bar

HOLGER DAMBECK

[德] 霍格尔·丹贝克 著
罗松洁 译

北京联合出版公司
Beijing United Publishing Co.,Ltd.

目录

无关数学｜横向思维题

聪明与机智｜发散思维题

蓝精灵、说谎者和囚徒 | 逻辑谜题

瓷砖和圆圈 | 直观几何题

一变四 | 数字谜题

兄弟姐妹、轮盘赌、体育运动 | 排列组合题

渡轮、楼梯、桥梁 | 动态谜题

硬币、玻璃杯、小偷 | 请你做破壁人

前言

Vorwort

数学究竟是什么?

我总是会听到这样的问题。我知道有很多人都认为数学就是关于计算或者关于一些公式的。

然而，数学其实恰恰是为了避免计算，为了尽可能地避免烦琐、复杂的一切而产生的。对于这一点，或许不是每个数学家都同意，但这一点至少对本书的 100 道谜题而言是绝对适用的。

本书是由已经在《明镜周刊》(网络版）上发表过的《每周谜题》和我精心挑选的新难题组合而成。

这些谜题经常被称为所谓的“娱乐数学”。曾经，我觉得这个概念并不恰当。这个概念总使我想起各种“娱乐音乐”，每当这时，我的耳朵里就会响起那些可怕的流行乐。

但后来我觉得这不算什么，因为与数学打交道确实是一件十分有趣的事，数学本身就非常具有娱乐性。数学让我们用日常生活里完全没有过的方式来使用我们的大脑。当你面对一道看起来无法解答的题，而它的答案却突然闪现在你的面前时，没有什么能比这种“恍然大悟”的体验更棒的了。

正如我所说，数学可以让我们避免那些烦琐复杂的计算。因此，比起我们在学校里学到的那些呆板的固定模式，常常会有许多更具创造性和更优雅的方法来解答同一道题。

有两道例题足以证明这一点。而你很可能已经见过第一道例题了：

从 1 到 10 的整数总和是多少？

这道题有一种非常漂亮的类几何解答方法。我们可以将这 10 个数字画成圆点的集合。总共 10 行。第 1 行是 1 个圆点，第 2 行是 2 个圆点，以此类推，第 10 行是 10 个圆点。

画出的圆点如下图所示。不过，这张图还不能解答问题。

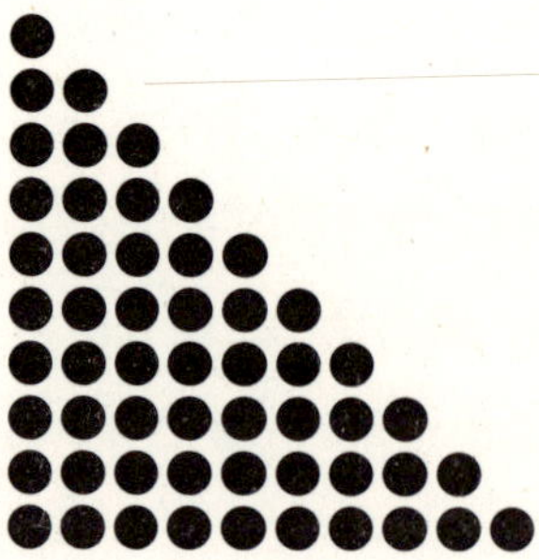

现在，我们把这些圆点集合旋转 180 度，放置在与原图对称的右上角，答案已经呼之欲出了。

这两个合并而成的圆点集合形成了一个矩形，由 10 行、每行 11 个圆点组成，也就是共 110 个圆点。因为这是两个圆点集合的数量，所以我们只需要将这个数除以 2，就得到了正确答案：55。

第二道例题就不这么容易了。但是，一个简单的图形同样能让答案不言而明。

$\frac{1}{4}+\frac{1}{16}+\frac{1}{64}+\frac{1}{256}+\cdots$ 的总和是多少？

即从 $\frac{1}{4}$ 开始，4 的 n 次幂的倒数的总和是多少？

答案是 $\frac{1}{3}$。画一个平分为 4 份的正方形即可求证答案。

将正方形右上方的 $\frac{1}{4}$ 部分再次划为 4 份，以此类推。见下图：

当我们想要计算 $\frac{1}{4}+\frac{1}{16}+\frac{1}{64}+\cdots$的总和时，我们只需要将正方形的黑色部分相加，因为它们所对应的正是正方形平面的 $\frac{1}{4}$，$\frac{1}{16}$，$\frac{1}{64}$，…

决定性的窍门就是：当我们将黑色部分和与之大小相同的白色与灰色部分全部相加时，正好是整个正方形的大小。于是：

$$1 = 3 \times \left(\frac{1}{4}+\frac{1}{16}+\frac{1}{64}+\cdots\right)$$

我们再除以 3 就得到了正确结果。

$$\frac{1}{3} = \frac{1}{4}+\frac{1}{16}+\frac{1}{64}+\cdots$$

这很复杂吗？但愿你不会有这样的感觉。

祝愿你在接下来的 100 道题中玩得愉快！希望你尽可能

多地体验到如何从一窍不通到灵光一现想出绝妙解答方法的过程。

霍格尔·丹贝克

德国汉堡，2017 年 6 月 15 日

引言：如何解开数学谜题

这本书能来到你的手上，我相信绝非偶然。你可能很喜欢数学，并且一定也很爱思考。所以，我想提前给你一些建议，这样你就不会对接下来的这些谜题感到绝望。虽然我并不能给大家提供所有人都普遍适用的解答策略——这种策略也根本不存在，但是，我还是有一些如何解决难题的意见可以供你参考。如果你读过我的其他书，那么你可能会对其中的一两个建议感到熟悉，因为那本书里有一整篇章节是关于如何找到创造性的解答方法。在本书中，我扩充了这些建议，用更缜密的方式来阐述。

不要放弃，坚持到底

要坚持！如果你想解决一道难题，首先，你应该从头到尾彻底地思考一遍。当你毫无头绪时，不要马上去翻答案，多一些耐心，也可以暂时将这道难题放在一边，先试试下一道谜题，这能帮助你换一种思维，也许你就会撬开之前还没有解决的难题。另外，在第二天早晨刷牙的时候，也很可能会有令人惊喜的灵光闪现。

仔细分析题目文本

首先，你自己必须理解这道题。当你阅读题目文本，遇到一些不好理解的地方时，就该注意了，这些题目中的“绊脚石”经常会提供有价值的提示。我们就拿与本书习题 12 相似的题目来举例：

两个俄罗斯数学家在飞机上偶遇。

“你有三个儿子，是不是？”其中一个数学家问道，“他们现在多大了啊？”

“他们的年龄的乘积是 36，”另一个数学家回答道，“年龄的总和正是今天的日期。”

“呃，这些条件还不够。”提问的数学家说道。

“噢，对了，我忘说了，我大儿子有一只狗。”

那么这三个儿子的年龄分别是多大呢？

你也觉得提到狗这一点很奇怪吧？如果你再仔细想一下，

就会发现，这里还可以用一只猫、一台游戏机或一种头发的颜色来替代这只狗。这句话之所以看起来很重要，是因为有其他的细节。至于怎么解题，在这里我先不过多透露。

系统性分析

如果解决方式清楚明了，那就值得把所有能想到的推论都写下来，并逐个查看。这对逻辑谜题尤其适用。举例来说：当你听到三个人在说话并知道其中有一人在说谎时，谁是那个说谎者？

人物 A：“B 在说谎。”

人物 B：“C 在说谎。”

人物 C：“我没说谎。”

面对这样的逻辑谜题，你可以制作一个小小的表格，这个表格也叫作真值表。在这个表格里，把所有可能的情况都列出来：

	情况 1	情况 2	情况 3
人物 A：“B 在说谎”	说谎	真	真
人物 B：“C 在说谎”	真	说谎	真
人物 C：“我没说谎”	真	真	说谎
	矛盾	有可能	矛盾

将表列出后，你可以对照这几种情况里的说辞是否矛盾。在这里，情况 2 没有问题，情况 1 和情况 3 都有逻辑上的矛盾。

情况 1：B 说 C 在说谎，但情况 1 里的说谎者是 A，两种说法相互矛盾。

情况 3：A 说 B 在说谎，但此情况里的说谎者是 C，两种说法自相矛盾。

因此，情况 1 和情况 3 不可能是正确答案。只有情况 2 还有可能，并且没有逻辑上的矛盾，只有 B 一个说谎者。

将问题尽量简单化

我们常常会面对那种需要我们分析全部情况或数值很大的问题，要想解决这类问题，非常困难。例如，有 100 个说谎者和 100 个诚实的人坐在一张桌子旁，他们在说一些奇怪的事情。面对这种问题，你可以先尝试一下简化的版本——一张桌子旁坐着两个说谎者和两个只说真话的人——在简化版的解题过程中，你或许能找到其他解决更大问题的途径。

另辟蹊径

离开熟悉的路径——这是形成创造性想法最重要的方式之一。这一点在数学中常常很难实现，因为我们习惯于运用自己学过的解答技巧。就像坐火车去旅行一样，我们能到达的只是那些铺有铁轨的地方。

换一个视角或者改变一下问题的形式，常常会很有帮助。也许一道与数字有关的题也可以从几何的角度来解答。举一个例子：

为了在14点的时候到达山上的小屋，一个男人在10点时从山谷里开始了他的徒步远足。到达后，他在小屋里住了一晚。第二天上午10点，这个男人又开始走回山谷。由于是走下山路，他在14点之前就回到了山谷。请你论证：这两天里，在10点到14点之间，哪一个时间点上这个徒步者恰好处在同一高度位置？

我们对山的高度、走势以及徒步者的速度一无所知。尽管如此，只要我们把这个问题改动一下，解答方式就很简单了：

两个男人在10点时开始了最多四个小时的徒步远足。一个人从山谷向山上走，另一个人从山上向山谷走。请你论证：在10点到14点之间，哪一个时间点上这两个徒步者恰好处在同一高度位置？

现在，解题方式就很简单了：只需要求出两个徒步者在远足途中相遇的瞬间。

再举一道题：

1 + 2 + 3 + 4 + … + 97 + 98 + 99 + 100 的总和是多少？

我们当然可以在大脑里或者用便携计算器来计算。但年轻的卡尔·弗里德里希·高斯（Carl Friedrich Gauss）早就知道一种更好的方法。他将这些数字全部分类整理：

（1 + 100）+（2 + 99）+ … +（50 + 51）的总和是多少？

我们可以直接写出结果：50 × 101=5 050。

最后再举一道针对创造性解决方法的题。这是一道关于日历的题，解决这道题有一个非常特别的诀窍：

一个男人有两个木制的立方体，他可以用它们呈现出一个月从 01 号到 31 号的日期。请问这两个立方体上都有哪些数字？

分析这个问题相对简单：每个立方体上只能有六个数字，也就是说我们需要将 0~9 的数字合理分布到这两个立方体上，问题是：该如何分布？一个月的日期是从 01 号开始直至 31 号结束的，就是说无论如何都会有一个 11 号和一个 22 号，即数字 1 和数字 2 必须出现在两个立方体上。

为了呈现出从 01 号到 09 号的日期，数字 0 也需要同时出现在两个立方体上。

从 1 到 9 有九个数字，而在一个立方体上只能有六个不同的数字。0，1，2——两个立方体上均有三面被这三个数字占据。两个立方体总共有十二个面，现在还剩六个面，可气的是剩下了七个数字：3，4，5，6，7，8，9。

如果我们在第一个立方体上写 0，1，2，3，4，5，第二个立方体写上 0，1，2，6，7，8，那么 9 就没有地方安置了。

怎么办？难道答案根本不存在？不，有一个答案，而这个答案我们已经找到了：当我们需要数字 9 时，把数字 6 倒过来就好了。如此，这个立方体日历的谜题就解开了。

社会工程学

有时候我解一道题，很怕这题可能会有看不到头的多个答案。例如下面这一题：

请找出所有包含数字 0，1，2，3，4，5，6，7，8，9 的十位数的质数（质数只能被 1 和其自身整除）。

如果你知道一些组合学，就会明白，这十个数字可以组合成三百多万个不同的数字。该如何检验每个数字是不是质数？是谁想出了这么难的一道题？

更有可能的情况是，这题要么只有一个答案，要么压根儿就没有答案。我们这道题就是后一种情况。

有一个规律可以帮助我们解决这道题[1]：所有由这十个数字组成的十位数，字面数字相加都是 45（=1+2+3+4+5+6+7+8+9）。45 不仅可以被 3 整除，还可以被 9 整除，而由这十个数字组成的十位数都可以被 3 和 9 整除。因此，它们全都不是质数。

间接取代直接

上面的题是关于三百多万个不同的数字。这里我们再进一步到无限多的数字。

请证明，质数是无限多的。

我们可以尝试把所有质数都逐一编号列举。与此同时，可以肯定的是，这种做法根本没完没了。用这种方法，我们无论如何也无法证明质数是无限多的。

---

[1] 如果一个三位数的百位数字是 a，十位数字是 b，个位数字是 c，那么这个三位数可以表示为：

$100a+10b+c$

$=(99+1)a+(9+1)b+c$

$=99a+a+9b+b+c$

$=(99a+9b)+(a+b+c)$

$99a+9b$ 肯定能被 3 整除，所以只要 $a+b+c$ 的和能被 3 整除，这个三位数就能被 3 整除。以此类推，十位数也适用此理。这就是横加数规律。

面对这种问题，我们要做的不是直接解决问题，而是间接着手，然后再反绕过来。入室抢劫者基本上是这么做的：他们不会撬开房屋大门上厚重的锁，而是去到房屋的背面，然后在那里找到比较好打开的地下室窗户。

我们用反驳论点的对立面这种间接方式非直接地证明论点。由于数学的逻辑一致性，间接证明是完全有可能的。一个论点要么正确，要么错误，两个相矛盾的论点不可能同时为真。

因此我们假设，只存在有限多的质数，更确切地说有 n 个质数。我们将这些质数列为 p_1，p_2，p_3，…，p_n，并将它们相乘：

$$p_1 \times p_2 \times p_3 \times \cdots \times p_n$$

我们得到了一个有趣的自然数：它可以被 n 个质数，即 p_1，p_2，p_3，…，p_n 里的任意一个整除，因为这个数是所有这些质数的乘积。现在就是真正诀窍了，我们在 n 个质数的乘积之上再加上数字 1：

$$p_1 \times p_2 \times p_3 \times \cdots \times p_n + 1$$

所得之数也是一个自然数。然而，它不能被 n 个质数里的任何一个整除，更确切地说，在做除法时总会有一个多余的 1。因此，这个数自身即是质数，它不包含在 p_1，p_2，p_3，…，p_n

里面，也不是两个或更多质数的乘积。所以，这些质数并不属于前面给出的 n 个质数，这与我们只存在 n 个质数的假设相矛盾。所以，只存在有限多的质数的假设是错误的。反之即意味着，存在无限多的质数。如此就证明了论点。

我承认，间接证明看起来有些奇怪，还必须极其注意论点的对立面是什么，但是这个方法十分有用。

抽屉原理

抽屉你很熟悉吧，我们几乎每天都在整理和分类东西，这时候抽屉就很有用了，而虚拟形式的抽屉在数学中也同样有用。下面这道小题会向我们展示抽屉原理如何起作用：

在体育协会的地下储藏室里，有白色、红色、蓝色和绿色的滑雪杖，它们都一样长。管理员想要拿出一些滑雪杖，但可惜地窖的灯坏了，他完全看不见任何东西。请问，他需要取出多少根偶然拿到的滑雪杖，才能必然使其中的两根滑雪杖为同一种颜色?

我们假设有四个抽屉，每个抽屉对应一种颜色的滑雪杖。我们随机地拿取滑雪杖，然后在灯光下分类放进抽屉里。这样，在拿取第五根滑雪杖的时候确定能达到我们的目的，因为只有四种颜色的滑雪杖，第五根滑雪杖必须得放进一个抽屉，而这个抽屉里已有一根滑雪杖了。

多米诺骨牌法

当论点适用于所有自然数 n 时，那就可以选择用所谓的数学归纳法。我更想称它为多米诺骨牌法，因为这样大家马上就可以理解这种证明法如何运行。

让一张桌子上所有立着的多米诺骨牌都倒下的先决条件是什么？确切地说有以下两点：

1）第一块骨牌必须倒下。

2）每一块立起来的骨牌，在倒下时能使它后面的那块骨牌也倒下。

我们用奇数自然数的求和公式来举例说明多米诺骨牌法。请看以下这些等式：

$1 = 1 = 1^2$

$1 + 3 = 4 = 2^2$

$1 + 3 + 5 = 9 = 3^2$

$1 + 3 + 5 + 7 = 16 = 4^2$

$1 + 3 + 5 + 7 + 9 = 25 = 5^2$

很明显，从 1 开始，这些奇数相加，总是得到一个平方数。我们将奇数写作 $2n+1$ 或者 $2n-1$，n 为自然数。若等式的右边为 n^2，那么等式左边最大的奇数则为 $2n-1$。也就是：

$$1 + 3 + \cdots + 2n - 1 = n^2$$

多米诺骨牌证明法：以上公式无论如何对 n=1，2，3，4，5 都适用，这意味着，不仅仅第一块多米诺骨牌会倒下，前五块多米诺骨牌无论如何也会倒下。开头就这样完成了。

现在我们随意取出任意一块多米诺骨牌，编号为 i。i 为自然数。我们假设，这块骨牌倒下了。这里的倒下意味着，求和公式也适用于这块骨牌。

$$\text{总和}(i) = 1 + 3 + 5 + \cdots + 2i - 1 = i^2$$

那下一个编号为 $i+1$ 的骨牌会怎么样呢？求和公式对它来说也适用吗？我们可以相对简单地计算出来。为了让求和公式对 $i+1$ 也适用，我必须将这个奇数加到 i 的求和公式中去，也就是 $2(i+1)-1$。

$$\text{总和}(i + 1) = \text{总和}(i) + 2(i + 1) - 1$$

$$= \text{总和}(i) + 2i + 1$$

$$= i^2 + 2i + 1$$

你可能会对等式的右边感到有些熟悉。这是二项式定理的一种形式：

$$(a+b)^2=a^2+2ab+b^2$$

这里令 $a=i$，$b=1$，我们得到：

$$总和(i+1)=(i+1)^2$$

这样我们就求证了求和公式对 $n=i+1$ 也适用，而前面我们已证明公式对 $n=i$ 适用，这就说明，我们的求和公式对任意一个自然数 n 都适用。

钟表、蜡烛和手枪

经典谜题

将经久留存的经典谜题作为入门题，虽变化多样，但并不太难。希望你在练习中能感受到乐趣，激发对接下来的篇章里更多谜题的兴趣。让我们开始吧！

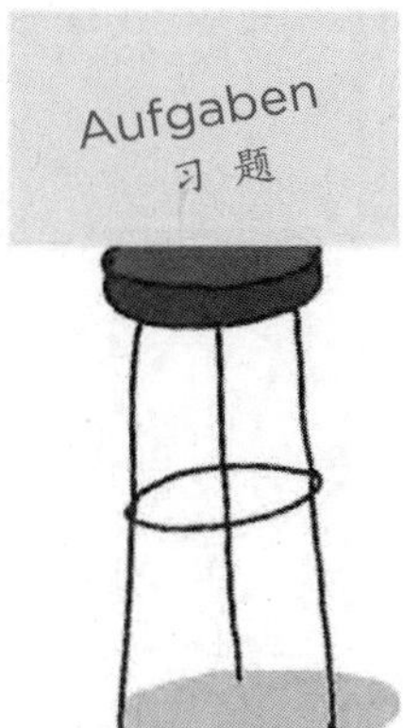

1. 接下来会是什么图形

你肯定知道这种谜题形式：四个古怪的图形并列在一起，通常由十字形、圆圈组成，并被涂上了色彩。这些图形间都存在某种逻辑联系。

你要做的就是在四个图形中找出正确的联系，然后把第五个图形排列进去。

这里首先需要的是分析性思维和逻辑，其次还要有创造性思维和横向思维。所以这种题常常是智力测试题的一部分。

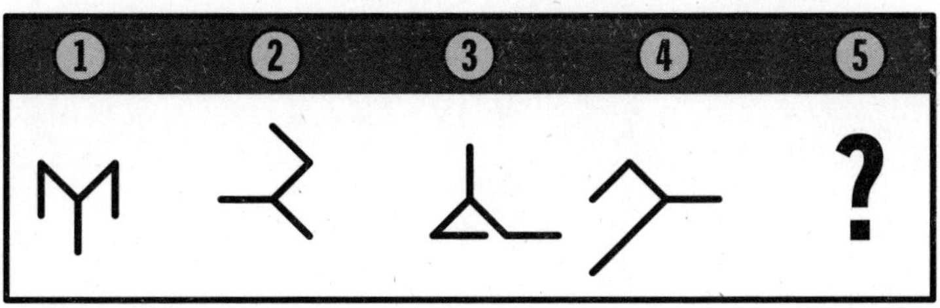

这道题没有预先列出有可能的答案，你必须自己想出第五个图形并画下来。你一定可以完成的吧？

2. 巧克力的重量怎么称

希望你也可以成功解决下面这个问题。

某巧克力工厂生产的一板全脂牛奶巧克力正好重 100 克。液态的巧克力会被适量分流到模型模具中，感谢现代科技，实现这一点完全没有问题。然而有时也会出现偏差，就像下面这种情况一样。

由于机器调制错误，有一整个托盘的巧克力都超重了 5 克。幸运的是，工长很快就发现了这个错误，并将机器重新校准好了。

他将装有超重巧克力板的托盘运进了仓库。由于对这个错误感到生气，他忘记自己把这些重 105 克的巧克力板放置在哪里了。仓库里总共有十个托盘，只有一个托盘上的巧克力板的重量与其他的不一致。

你的任务是：

请找出那堆 105 克重的巧克力板。你可以从托盘中取出任意多的巧克力板放在秤上称。这个电子秤可以精确到 0.001 克，但只能使用一次。

3. 完美对准的钟表指针

称重之后让我们来一道关于钟表指针的题吧。

一个星期日晚上的神秘时刻，20 点 15 分，或者还要再过几分钟。咸口儿点心已经准备好了，还有冰镇啤酒。一位《犯罪现场调查》的剧迷舒适地窝在沙发里，还没有发生谋杀案，但也不会等太久。

这个男人瞧了一眼壁钟，突然愣住了：在这一刻，分针和时针距离表盘上的 6 难道不是正好同样远吗？这两根指针与 6 形成的夹角看起来似乎是一样大的。

这真的有可能吗？如果有可能，这个时刻的准确时间是多少？

提示：我们假设指针以恒定的速度转动，而不是跳动。

4. 只有一个暴徒活下来了，为什么

下面这个问题是另一种题型，这道题有关生死。快到午夜之时，五个黑色的身影聚集在一个黑暗的地方。这些暴徒彼此不和很多年了，现在他们想要决一死战。

他们彼此间的距离并不相同，每个人的左轮手枪里都有一发子弹能正好打中离他最近的那个人。午夜来临，当教堂的钟声响起时，这五个男人扣下了扳机……

请证明，至少有一个暴徒活下来了。

5. 酒里的水，水里的酒

再来一个很快就能弄清楚的问题。我的建议是，不要将事物想得比它本身还复杂。

在桌面上立着两个同样大小的高脚杯，一杯装了酒，另一杯装了相同体积的水。现在倒一些酒到装水的杯里去，并将混合液体搅拌均匀。接着将酒水混合物倒回装酒的高脚杯里，直到两个高脚杯正好同样满。

问题：究竟是水里的酒多还是酒里的水多？或者它们的含量也许同样多？

两个提示：一、我们设定，在搅拌时没有液体流失（因为实际中液体会附着在勺子上）；二、我们忽略酒除了酒精之外大部分由水组成，将酒视为一种可以与水毫无问题地融合的独立液体。

6. 只要点燃就好啦

在日常生活中，大家很少会用到导火线，但是在谜题里它们却很受欢迎，因为它们可以将问题变得棘手。下面我们就来做两道关于导火线的谜题，一道相对简单，另一道则需要开动一些脑筋。我们从较简单的题开始：

你有两根长度不同的导火线。两根导火线燃烧起来都正好是一分钟。你可以凭此测定 45 秒的时长吗？

提示：你不可以将导火线对折寻找中点。另外，不允许用尺子测量和标注记号。

第二道题：你有一根可以燃烧一分钟的导火线。你可以用它测定10秒钟的时间吗？同样，你既不能使用尺子，也不能将导火线折起来。

7. 他能成功穿越沙漠吗

秤、导火线和钟表指针，但愿你都准备完成了。现在让我们一起进入沙漠吧。

骄阳无情地炙烤着，没有任何阴凉之处。只要是在炎热的沙漠里艰难地走过一次，就会知道随身携带足够多的水是多么重要。这道题里的主人公也知道这一点。

一个运动员想用六天跑步横穿沙漠。在起点处有足够多的水和食物，但他只能携带四日份的口粮。他该如何安排才能成功穿越沙漠？

提示：运动员起跑后，带有四日份的口粮。一天之后，只剩三份，因为有一份已经被他吃喝用尽。他还可以将口粮储存在沙漠中。

8. 怎样花钱最少

萨姆·劳埃德（Sam Loyd）热爱下国际象棋，他还给报纸的谜题专栏写过上千个棋局小谜题。感谢这个活在1841—1911年间的美国人，是他编撰了许多精妙绝伦的谜题和数学题。下面这道题就出自劳埃德。

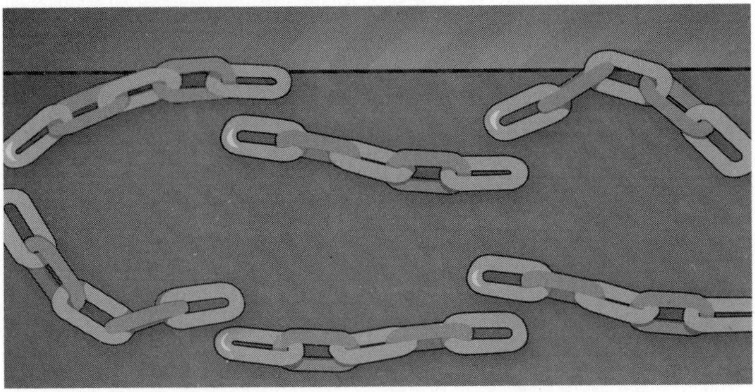

这里有六节锁链，每节锁链由5个环组成。有一个农民想要把这六节锁链组成一条有30个环的封闭式锁链。

将一个锁链的环切开再焊接上，需花费25欧元。这个农民也可以在商店买一条由30个环组成的新锁链，这条新锁链需花费140欧元。

要想得到一条由30个环组成的封闭式锁链，这个农民最少需要花多少钱？

9. 虎酱龙汁3

用不同大小的玻璃杯测量一定的液体体积，是一类经典谜题。甚至在传奇的系列电影《虎胆龙威》中也出现过这类题目。在这个热门系列电影的第三部里，由布鲁斯·威利斯（Bruce Willis）饰演的男主角约翰·麦克兰（John McClane）就遇到了这个难题。他必须在5分钟的时间内，精确地将4加仑（1加仑约为3.785升）的水放在秤上，不然就会有不幸之事发生。

麦克兰和他的同伴宙斯[塞缪尔·杰克逊（Samuel Jackson）饰]有两个不同体积的塑料桶，它们分别可以装3加仑和5加仑的水。刚开始，这两个人毫无头绪。但最后他们确实解决了难题，正好灌入了4加仑的水。我们的题也颇为相似，只不过你可以轻松着手：

你想要做一种酱汁，刚好需要0.1升的水。可是你的厨房里没有量杯，只有两个玻璃杯可供使用。一杯可以装0.3升的水，另一杯可以装0.5升。幸运的是水足够多，可以供你使用。你可以成功制作好酱汁吗？

附加问题：约翰·麦克兰是如何自救的？

10. 当内向遇到外向

让我们离开厨房，来援助一下共同举办活动的两个俱乐部吧。

每年的十二月，内向俱乐部都会举办一场宴会。按照惯例，内向俱乐部的成员会邀请他们的朋友——外向俱乐部的成员。这场宴会的目标就是，让所有在场的人都能够练习如何与自己不同类的人打交道。

按照传统，宴会在一张很大的圆桌上展开，这样每个人就正好有两个邻座。由于外向者有强烈的交流愿望，可能会导致这场宴席的参与者，尤其是内向者，存在无法交流的情况。为了避免这种情况的发生，不管参与者是内向还是外向，每个参与者的两个邻座不能都是外向者。

今年，两个俱乐部各来了 25 个成员参加宴会。一个内向者鼓起所有勇气说道："邻座不能都是两个外向的人，要将所有的 50 个参与者都按这个规定安排座位，是不可能的。"那些外向者都大声反对道："当然可能！"

谁说的对？

11. 苹果在哪里，橙子在哪里

有些大公司会用谜题来考验应聘者，他们想从中了解潜在的员工会如何处理问题。下面这道谜题就来自美国的一个大型IT 集团的面试题。

这道题关于"Apples and Oranges"（苹果和橙子）——一个美国俗语，它的引申意思是不同类型的事物。然而这道题的初衷并不是将苹果与橙子做比较，而是找出水果。

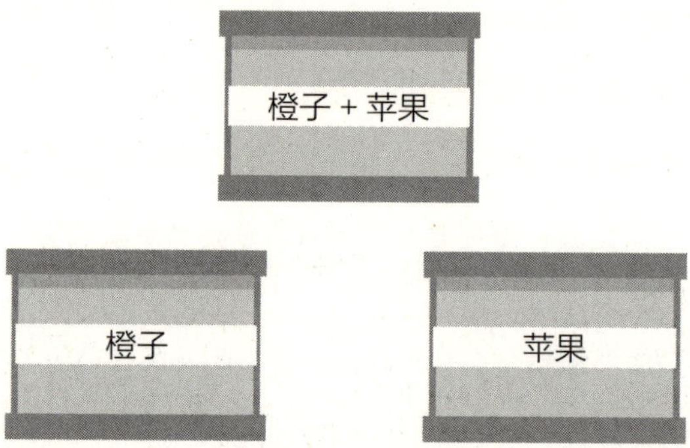

在你前面有三只箱子。一只箱子里面只有苹果，一只箱子里面只有橙子，第三只箱子里面有苹果和橙子。箱子上面原本应该有对应的三张标签，然而这些标签被不小心弄混了，以至于三只箱子的标签都是错误的。题目要求不允许看箱子里面，只能从一只箱子里取出一个水果。

这样足够分辨出三只箱子里的水果吗？你需要怎么做呢？

12. 两个数学家相遇

我尤其喜欢下面这道题，因为大家刚开始几乎不会相信，这道题竟然有解。

有两个热爱解谜题的数学家，他们很少见面。只是他们偶尔会一起参加专业会议，这时就是他们仅有的共同享受做谜题的乐趣的机会。在他们最后一次见面时，他们进行了以下的对话：

“你不是有一个儿子吗？”第一个数学家问道。

“是的，现在我又有了另外两个儿子，”另一个数学家回答道，“幸运的是没有双胞胎。”

“他们三个现在多大了？”第一个数学家问道。

“他们年龄的乘积正好是现在的月份数。”第二个数学家回答道。

“呃，这对我来说还不足以求解。”

“好吧，”这位三个孩子的父亲回答道，“一年之后，所有人的年龄相加而不是相乘，结果仍然是现在的月份数。”

这三个儿子的年龄分别是多大？

提示：我们设定，只要他们不是双胞胎或者三胞胎，两兄弟的生日相隔至少一年。一月的月份数为1，二月的月份数为2，以此类推。

13. 四个徒步者和一座摇晃的桥

你肯定知道这道关于农民的难题。

有一个农民想要乘一条小船渡到河的另一边，他还有一只狼、一只绵羊和一棵白菜。小船只能装一个农民和其中一只动物或者那棵白菜。而只要农民不在，绵羊就会马上吃掉白菜，狼也会吃掉绵羊。这个农民该怎样才能将动物和白菜都安全带到对岸呢？

解决这道狼、羊与白菜的问题相对简单。这里还有更难一点儿的变形题如下：

这回不是渡过一条河，而是横越一道深深的峡谷。四个徒步者必须尽快到峡谷对面去，因为他们要坐的巴士在60分钟后准时从那里开走。

倒霉的是，峡谷上的这座桥已经有些破旧不堪了，最多只能有两个人同时踏上桥。除此之外，四周还漆黑一片，虽然这些徒步者带有一只手电筒，但手电筒的光太弱了，不能从崖边照亮整座桥上的道路，因此，大家每次过桥都必须带上手电筒。

这还不是全部。这四个男人的体力也不相同。第一个人走完整条桥需要 5 分钟，第二个人要花 10 分钟，第三个人则需要 20 分钟，第四个徒步者甚至要花 25 分钟。

这四个人还能赶上巴士吗？如果可以，怎么办？

14. 石头下沉到湖里

本章经典谜题里的最后一道题将带领我们进入物理学的世界。如果你对浮力的作用有一个大概的了解的话，这道题不会太难。

请你想象一下，你在一个小湖里划着一条小船。这条小船比平常更笨重了，也明显比平常吃水更深了，而原因不在于你吃了丰盛的早餐，因为由此增加的重量微不足道。

你环顾你的小船，发现在旧帆布下面放着好些沉重的大石头，原来这才是原因！由于你正处于湖中心，所以你直接扔掉了石头。这些石头很快就沉入湖底。

问题：这些石头沉入湖底后，湖的水位会如何变化？是升高、保持一致，还是降低？

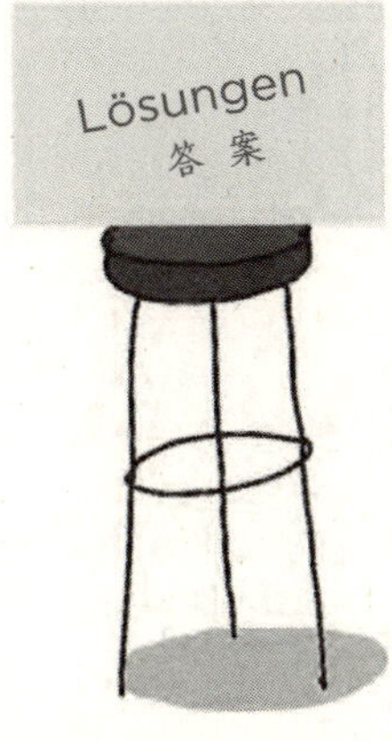
Lösungen
答案

1. 接下来会是什么图形

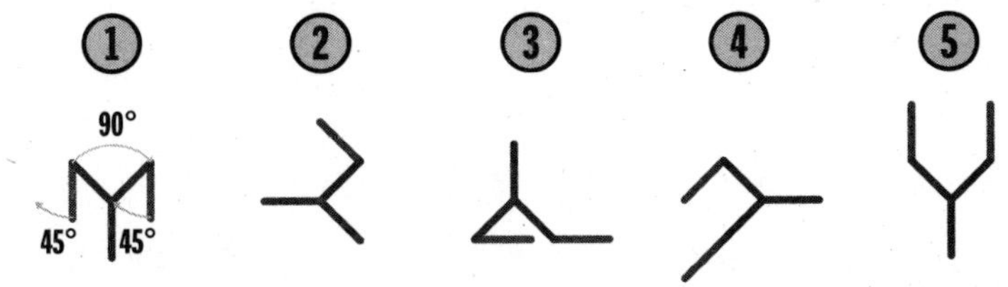

仔细分析这些图形，很快你就会发现，每个图形由两部分组成。一部分是字母 Y。依图中次序，图形的这部分总是按顺时针方向旋转 90 度。

另一部分是悬挂在 Y 的两个肢端的两只“手臂”。这部分不仅随着 Y 旋转了 90 度，还另外再旋转了 45 度。因此，图形 2 中的两只手臂的其中一只与 Y 的两个肢端之一重合，所以就看不见它了。

2. 巧克力的重量怎么称

从第一个托盘里取出一板巧克力，从第二个取出两板，从第三个取出三板，以此类推，直到从第十个托盘取出十板巧克力。将这些 1+2+3+…+10=55 板巧克力全部放在秤上。从显示出来的克数中减去 55 × 100=5 500 克。

结果会表明哪个托盘装有超重的巧克力板。如果只剩 5 克，那就是托盘一超重了；如果是 10 克，就是托盘二；以此类推，直到 50 克。

3. 完美对准的钟表指针

有可能。

两根指针会在 20 点 15 分之后的几分钟里与表盘上的数字 6 形成同样大小的角，这一刻恰好是 20 点 18 分 27.7 秒。

20 点 15 分整时，分针与 6 之间的角比时针与 6 之间的角要大一些。然而，因为分针在向 6 运动，它的角就减小了。与此同时，时针正远离 6，它的角就增大了。在 20 点 20 分时，这种关系就早已改变了，此时分针比时针更接近 6。

因此，在这期间一定存在某一时刻，两个角是同样大小。

因为两根指针始终是以恒定的速度在移动，并无跳动。

这个时刻具体是什么时间点呢？我们来看看角速度：

$$分针 = \frac{360°}{60min} = 6° / min$$

$$时针 = \frac{360°}{720min} = 0.5° / min$$

设 t 为过了 20 点之后的所有分钟数，那么分针与 6 之间的角度计算如下（为更一目了然，省略单位度和分钟的符号）：

$$角度（分针）= 180 - t \times 6$$

时针与 6 之间的角度为：

$$角度（时针）= 60 + t \times \frac{1}{2}$$

若两个角一样大小，则需：

$$180 - t \times 6 = 60 + t \times \frac{1}{2}$$

我们将 t 移到等式的一边，得到：

$$120 = \frac{13}{2} \times t$$

$$t = \frac{240}{13}$$

答案就是$\frac{240}{13}$分钟，也就是18分钟又27.7秒。因此准确的时间点就是20点18分27.7秒。

4. 只有一个暴徒活下来了，为什么

由于这五个男人之间的距离是不同的，那么一定有两个暴徒之间的距离最近。因此，这两位男士会以彼此为目标，互相开枪射击对方。

那剩下的三个暴徒会做什么呢？我们需要区分两种情况：

1）三个暴徒中的一个人会以两个互相射击的人中的某一个为目标，因为这个人离他最近。那么就会有一个人身中两枪。又因为只有五发子弹，所以至少有一个暴徒活下来了。

2）剩下的三个人是彼此离得最近的人，那两个彼此离得最近的暴徒离他们都较远。那么在这三个人之中又会有两人的距离是最近的，这两人就会以彼此为目标相互开枪致死。这样就没有人射击第三个暴徒了。他活了下来。

5. 酒里的水，水里的酒

水杯里的酒与酒杯里的水完全一样多！

对此题的论证非常简单。我们知道，两次混合之后，水杯

里有一定量的酒，那么酒杯里缺的就是这部分一定量的酒。由于两个高脚杯里的液体在倒来倒去之后，仍然装得同样多，所以酒杯里所缺少的酒正好由相同多的水代替了。所以两个玻璃杯里水的含量与酒的含量是相同的。

6. 只要点燃就好啦

首先是 45 秒的答案：将一根导火线的两端同时点燃，与此同时，只点燃另一根导火线的一端。30 秒后，第一根导火线就全部燃烧完了，第二根导火线还剩下一半。这时，点燃第二根导火线未燃的一端。15 秒之后，这根导火线也燃尽了——总共用时 45 秒。

但是，怎么用一根 60 秒的导火线来测定 10 秒的时间呢？非常简单：必须要有六个持续稳定燃烧的火苗，那么这条导火线燃烧时的速度就是一个火苗燃烧时的六倍。

将这根导火线的两端同时点燃，此刻，两端之间任选两点也同时点燃。因为起火点会沿导火线向两个方向蔓延，所以中间的两个起火点会产生四个火苗。一旦一节导火线燃尽，必须马上从另一节导火线内选取一点来点燃，这样就会持续有六个火苗在燃烧。最后这根导火线总的燃烧时间就是 10 秒。

当然，实际上这个解答方法难以实施，因为必须在越来越短的导火线节段上越来越小的间距里选取位置点燃。但这个方法至少在理论上是可行的。

7. 他能成功穿越沙漠吗

横穿沙漠确实有可能，但要按如下步骤操作：

第一步：运动员带着四日份的口粮开跑。他跑完一天的路程后，在此地放置两份口粮，返身跑回起点。他在启程的路上消耗掉了一份口粮，回来的路上消耗掉了另一份口粮。

第二步：他再次携带四日份口粮开跑。一天之后，他还剩三份口粮，取出之前放置在此地的两份口粮中的一份，放进背包。带上这四份口粮，他又继续跑了一天，此时他还剩三份口粮，将其中的两份放置在沙漠里，他开始往回跑。一天之后，他从背包里拿出最后一份口粮吃喝掉，这时他到达了第一次放置口粮的地方，这里还有一日份的口粮，于是他成功回到出发点。

第三步：此人再一次带着四日份口粮出发。两天之后，他到达了存有两日份口粮的地方。他背包里原本有的四份口粮中的两份此时已经被消耗掉了，因此他可以从储存地取出两份口粮随身带上。此时，他随身携带四份口粮，可以支撑他完成剩下的四天路程。

8. 怎样花钱最少

125 欧元。

乍看这个问题似乎很明显：花费 140 欧元买一条新的锁链更划算。将六节锁链边缘各打开一环，然后再与相邻锁链节相接合并，这会产生 6×25=150 欧元的花费。

然而，实际上还可以更便宜一些。若是将一节锁链的 5 个环全部切开，那么就只剩五节需要连在一起的锁链。这样，切开的 5 个环就完全够用了。因此，这样一条组合而成的链条只需花费 5×25=125 欧元。我自己可想不出这个巧妙的解法。你呢？

9. 虎酱龙汁 3

将 0.3 升的玻璃杯装满水，然后将这杯水倒入 0.5 升的玻璃杯中。接着将 0.3 升的玻璃杯再一次装满水，继续将这杯水倒入 0.5 升的玻璃杯中，直至杯满。此时，0.3 升的玻璃杯里正好只剩 0.1 升的水。现在，离你制作完美的酱汁就不远啦。

约翰·麦克兰在《虎胆龙威 3》里也采取了相似的办法。他将水装满 5 加仑的大桶，从中倒出 3 加仑到 3 加仑的小桶中。然后清空 3 加仑的小桶，接着再将 5 加仑大桶里剩下的 2 加仑水倒入小桶。

再次装满大桶，用大桶里的水装满小桶。而此时小桶里原本已有 2 加仑的水，它最多可以再装 1 加仑，这样大桶里就刚好剩下 4 加仑的水。

10. 当内向遇到外向

尽管没有人理会这个内向者，但他说的是正确的。没有任何分配方案能满足宴会的要求。

首先我们要指出，两个以上的外向者不能坐在一起。这很容易理解。如果三个外向者彼此相邻而坐，那么中间的那个外向者就有了两个外向者作为邻座，这是不被允许的。

外向者们要么单独坐，要么两个人一起坐，并且左边和右边两侧之一至少有一个内向者。因此，总共 25 个外向者之间至少会有 13 个空隙（12 个外向者两两坐一起，有 1 个单独坐）或最多 25 个空隙（所有外向者都单独坐）。所有这些空隙必须由一个或多个内向者来填满。

内向俱乐部的 25 名成员如果要填满 13~25 个空隙，会导致至少有一个内向者必须单独填满一个空隙。因为，若 13 个空隙每个都有 2 个内向者，那就需要 26 个人，而现场只有 25 个内向者。这样就会有一个内向者必须单独坐，被两个外向者包围，而这是不被允许的。所以两个俱乐部想要的座位安排是不可能实现的。

另外，当俱乐部成员的数量是偶数时，例如两队都是 26 个人，就有一个简单的解决方案：两个内向者和两个外向者轮流交替坐在桌旁。

11. 苹果在哪里，橙子在哪里

可以的，从一只箱子里取出一个水果就已足够辨明。

但并不是从任意一只箱子里取出，你必须从标有“苹果和橙子”的那只箱子里取出水果。因为这只箱子里装的不是苹果就是橙子，而不可能是苹果和橙子混合。如果苹果和橙子都在里面的话，那就与外面的标签一致了，但根据题目描述这是不可能的。下面分两种情况：

情况 1：你取出了一个橙子。

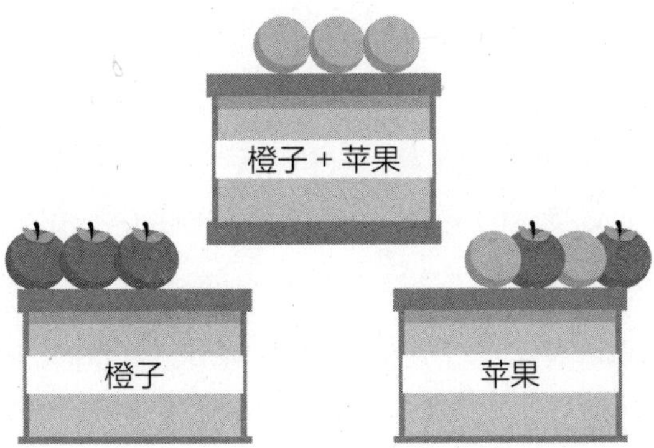

因为所有的标签都不相符，那么苹果一定就在标有橙子的箱子里。而混合的苹果和橙子就在标有苹果的箱子里。

情况 2：你取出了一个苹果。

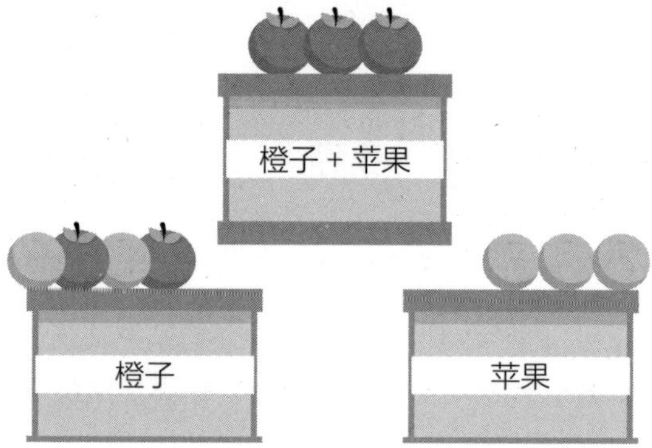

因为所有的标签都不相符，那么橙子一定就在标有苹果的箱子里。而混合的苹果和橙子就在标有橙子的箱子里。

12. 两个数学家相遇

三个儿子分别为 1 岁、2 岁和 6 岁。

因为一年只有 12 个月，所以年龄的乘积结果为 1~12。除此之外，可以确定的是，因为三个儿子的生日不相同，那么他们的岁数也不相同。

我们试着将 1~12 的这些数字分解出三个不同的因数。当然，1 也可以作为因数。不过，我们需要剔除 2，3，5，7，11

这些月份数，因为它们是质数，它们只能是两个数的乘积，如 1×2，1×3。虽然 1×1×2 和 1×1×3 原则上是可以的，但这样就会有两个兄弟岁数相同，所以必须剔除质数。

月份数 1，4 和 9 只能分解成 1×1×1，1×2×2 和 1×3×3 这些至少有两兄弟同岁的情况，而根据题目这类情况不存在。这三个月份排除。

那么可能的月份数则为：

$$1 \times 2 \times 3 = 6$$

$$1 \times 2 \times 4 = 8$$

$$1 \times 2 \times 5 = 10$$

$$1 \times 2 \times 6 = 12$$

$$1 \times 3 \times 4 = 12$$

还有一个限制条件：一年之后年龄的和应为现在的月份数。这表明，当前年龄的乘积，必须与一年之后的年龄之和相同。这样就只有 1，2，6 适合，因为它们的乘积是 12，一年之后的和也是 2+3+7=12。因此，这个数学家三个儿子的年龄分别为 1 岁、2 岁和 6 岁。

13. 四个徒步者和一座摇晃的桥

最快的徒步者可以将剩下的三个人一个接一个地带到峡谷

的另一边，这似乎很合理。然而，这样他们就不能及时赶上巴士了。因为，为了去接剩下的两个徒步者，那个最快的徒步者必须独自走回去两次，整个穿越的时间就不只是 25+20+10=55 分钟了，而是 65 分钟。既然这样，又该如何成功过桥呢？

很简单：那两个走得最慢的人必须一起通过这座桥。这样就能节省时间。

可能的解法如下：首先，两个走得最快的徒步者带着手电筒走到另一边，花费 10 分钟。接着，那个最快的徒步者独自带着手电筒返回，花费 5 分钟。然后，他需要将手电筒递给走得最慢的两位同伴。这两个人需要 25 分钟到达对面，他们将手电筒转交给在那里等候的需走 10 分钟的人。他带着手电筒往回走，接上留在那里的最快的徒步者，一起走向对面，过程需要 10+10=20 分钟。

现在我们算一下这四个人走到峡谷对面的巴士车站共花费多长时间：10+5+25+2 × 10=60 分钟。

所以，只要这些徒步者不花太长时间去思考如何找到解决办法，那他们实际上是可以成功赶上巴士的。

14. 石头下沉到湖里

解答这道题，必须考虑两方面的影响。一方面，当你把石头从小船里拿出抛向水里时，小船会从水中浮上来一些，水位会下降；另一方面，当这些石头沉入水底后，水位会上升。那么，这两方面的影响哪个更大一些?

如果你将石头放入小船里，船就会沉入水中深一些，小船排开的水的质量也正好是石头的质量。因为1升的水重1千克，所以，假设这些石头重10千克，则有10升的水被小船排开，这样小船就会继续漂浮。

现在我们把整件事反过来看：当你把10千克的石头从船里取出后，小船排开的水少了10升，水位就会下降10升（当然，大湖肯定看不出来）。

当你把10千克的石头扔向湖里时，湖的体积就会增加这些石头这么多的体积。而因为石头的密度明显比水大（2~3倍），那么它们就不会排掉10升的水，而是根据石头的密度，排开5升或者3升的水。

现在我们只需要将这两种影响相叠加：把石头从小船里取出来，水位会下降10升。石头下沉到湖里会使水位升高3~5五升。

结论：水位下降了。

无关数学

横向思维题

一道谜题没有明显的答案，才会特别令人兴奋。这时候就需要横向思维（也被称作水平思考）。这一章的谜题完全不需要数学，更多的是需要想象力。通常这些答案并不明朗，但这不应该困扰到你。不要惊讶——有些题会让人毛骨悚然。

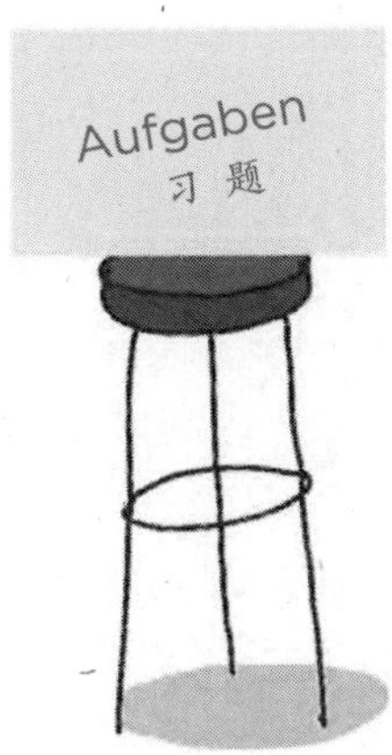

15. 请不要开枪！

一个男人走进一家酒吧，点了一杯水。酒吧服务员观察了这位客人一小会儿，然后拿起了放在吧台下面的一把左轮手枪，并指向他。这个男人表示感谢后，离开了酒吧。

请发挥你的聪明才智与想象力，为整个事件给出合理的解释。所有情形都允许发生。

16. 救救可怜的小鸭子

接下来有一只小鸭子，你想要将这只小鸭子从困境中救出来。

在一个建筑工地上，混凝土里有些很深的洞，这些洞大概有一个拳头那么宽。一只小鸭子掉进了其中一个洞里，它仅凭自己的力气不能获得自由。

这只小动物看起来并没有受伤，它还能自己站起来走动。你想要帮助它，于是将手臂伸入洞里抓取，但这个洞有一米多深，你的手臂够不到小鸭子。不可以用棍子或类似的东西来营救这只可怜的小动物，因为这样会让小鸭子有受伤的危险。

你其实可以用非常简单的方法来救它，你知道怎么做吗？

17. 沙漠中的死人

一个男人躺在沙漠中央，最近的居民点距离这里有几百千米。这个人已经死了，他的手里还拿着一根被折断的火柴。

他是如何到达这里的？他为什么会死？

18. 奇怪的司机

又是一个男人，他开着汽车穿过城市，并打开了收音机。不一会儿，他刹了车，将车停在车道边缘，开枪自杀了。为什么？

19. 间歇性睡眠

一位女士躺在床上，她醒了，但她没有起床，而是打了一个电话。她对着话筒一个字没说就挂了电话，继续睡觉了。她重复了好几遍这个过程。你可以解释一下为什么吗？

20. 古怪的发现

草坪上有一根干了的胡萝卜、一些鹅卵石和一顶旧帽子。

它们为什么会在这里？

21. 汽车旅馆旁的喇叭演奏会

仲夏，在风景如画的加州海岸不远处，有一家汽车旅馆。旅馆的所有房间都被订满了。一个男人离开了他的房间，走向他的汽车，进去坐下，按了一分钟喇叭。然后他走回了汽车旅馆。请你解释一下他的行为。

22. 楼道里的感应

一位女士从医院楼梯上跑下来。突然，楼道里的灯光闪烁了一会儿，熄灭了。就在这时，这位女士知道了她的丈夫刚刚去世了。为什么？

23. 买鞋致命

一位女士给自己买了一双新鞋并穿上它们去上班。当天她就死了。为什么？

Lösungen
答案

15. 请不要开枪！

一个可能的解释：很明显，这个男人打嗝儿了。而喝水可以有所帮助，所以他走进了这家酒吧，点了一杯水。然而酒吧服务员还有一个更好的主意——用自己的左轮手枪来吓唬这位客人，这样能制止打嗝儿。于是，这位客人感谢其迅速的帮助，安然走出酒吧。

16. 救救可怜的小鸭子

这道题的答案就像这本书的大多数答案一样惊人地简单。

你可以试试用沙子。将沙子小心地沿洞的边缘撒落到这个狭窄的洞里面，会有越来越多的沙子聚集在小鸭子脚下，某个时刻你就可以用手将它取出来。

你也可以灌水到这个洞里。至少小鸭子属于水禽，应该可以毫无问题地浮上来。

顺便提一下，这道题出自马丁·加德纳（Martin Gardner）众多书籍中的一本书里。这位美国的谜题搜集者和编创者几十年来在《科学美国人》（*Scientific American*）杂志里写了很多关于数字、牌、钟表和火柴的谜题。

17. 沙漠中的死人

有一群人想要乘坐热气球横穿沙漠，这个男人是其中一个。途中燃烧器出现了问题，热气球持续下降。全体人员将所有可以丢弃的物品从吊篮里丢出之后，热气球还在下降。于是他们决定抽签，抽取到较短一截火柴的人是输家，必须从吊篮里跳出去。所以，这个男人死在了沙漠中央。

18. 奇怪的司机

这个男人是一名电台主持人，刚刚谋杀了他的妻子。为了制造自己的不在场证明，他提前制作了他的广播节目。在他开车回家找他妻子之前，他就开始播放录音带上的节目。在回演播室的路上他发现，广播里没有播放他原本录制的节目，很明显是出了某些意外。因此，他的不在场证明作废。

19. 间歇性睡眠

这位女士是躺在酒店房间的一张床上，而且这个房间不隔音。她总是被住在她楼上的人的呼噜声吵醒。因为酒店的电话号码与房间号码相对应，她知道楼上的号码并打了电话，就是为了让这个人醒来，这样他就会停止打呼噜。可惜呼噜声停不了多久就会再次响起，她依旧被吵醒，然后不得不重新打电话。

20. 古怪的发现

它们是雪人融化后的残留物。

21. 汽车旅馆旁的喇叭演奏会

此时已是深夜，所有人都已入睡。这个男人起床，去车里拿一些东西。在车里他发现，他不记得自己旅馆房间的号码了，而他的妻子早已在房间里睡着了。除此之外，他的妻子失聪了。所以他按了一会儿喇叭并观察，哪些房间里的人醒来了，打开了灯或者走向了窗户。而那个什么反应都没有的房间，就是他的房间。

22. 楼道里的感应

她的丈夫得了重病，只能依靠机器来维持生命，例如人工心肺机。当停电的时候，她就知道，她的丈夫死掉了，因为这些机器只有靠电才能维持。（这个解释至少对现代医院已经不再适用了。因为，如果出现了题中情况，医院会直接启用紧急备用发电机。)

23. 买鞋致命

这位女士是马戏团里飞刀表演者的助手。每次表演她都要背靠墙壁，好让表演者向她投掷飞刀。这双新的高跟鞋却让她遭受了厄运。通常情况下，她穿平底鞋，而这双新的高跟鞋让她增高了 20 厘米。不幸的是，直到一切都无法挽回时，掷飞刀的表演者才注意到这个区别。

聪明与机智

发散思维题

经常解谜题的人，会对如何以最佳方式着手解开谜题有一种直觉。然而有些问题，常用的解题技巧和工具都没有用，这时就需要有创新的想法。为了解决这章的难题，请你试试另辟蹊径。

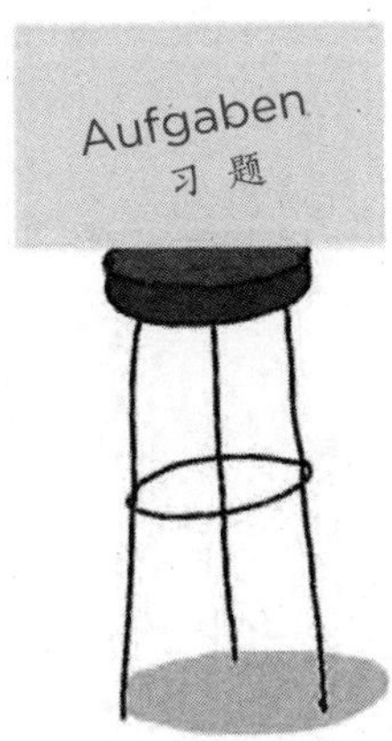

24. 贝洛的神奇走位

来做一道关于狗狗的题吧。

贝洛一看到它的男主人就会高兴地飞奔向他。当贝洛看到它的女主人时，同样会如利箭般飞驰而去，追逐着她。只要男主人和女主人没有站在一起，这只狗就会在他们两人之间跑来跑去。

一个美丽的春日，女主人下班骑自行车回来，男主人想要去接他的妻子。女主人骑上自行车出发的时候，贝洛和它的男主人正好从家里出发。贝洛知道那条穿过大型城市公园的路，也知道它的女主人正在朝它而来的路上。从家里到办公室的路总长 10 千米，这只狗立刻开始飞奔。

贝洛飞奔的速度是 20 千米 / 小时，而它的男主人以 5 千米 / 小时的速度走在路上，女主人骑着自行车的速度为 15 千米 / 小时。

当贝洛终于遇到骑自行车从对面而来的女主人时，它立刻掉头，飞奔回男主人那里。到达男主人的位置后，贝洛又立即掉头，再次跑到女主人那里。贝洛就在这中间不断地来回奔跑，直至男女主人最后相遇。

贝洛疯狂地来回跑了多长的路程？为了方便计算，我们设定，这只狗始终以 20 千米 / 小时的速度奔跑且没有停顿。

25. 数字填空

已知一排数列，你要指出这排数列的空缺处是什么数字。这种类型的问题在智力测试中经常出现。下面这道题就是对你的分析与创新能力的检查。

表格里缺少一个数。这个数是多少？

53	126	37
83	175	29
37	711	44
19	?	83

26. 猫咪加速度

继上面那只疯狂的狗之后，来了一只更疯狂的、有魔力的猫。这只猫想要从挪威北部的特罗姆瑟跑到奥斯陆去，整段距离 1 800 千米。但是，这只猫一点儿也不胆怯，因为它的速度快得不可思议。

由于这只猫非常喜欢做加速运动，所以它在自己的尾巴处绑了一根绳子，绳子的另一端绑着金属罐头。它每做一次跳跃，身后的罐头就会碰到地面发出当啷声。

每当这只猫听到了当啷声，它的速度就会瞬间加倍，而它每一次的跳跃正好有 1 米长。即使猫跑得很快，这个长度也不会改变。另外，忽略瞬间将速度加倍这件事，其他物理定律对这只猫都适用。

这只猫在 9 点整以 15 千米 / 小时的速度从特罗姆瑟出发，它会在几点钟到达奥斯陆？

27. 有头发的柏林人

请你论证：至少有两个柏林人头发数量正好一样多。

28. 哪个开关对应哪盏灯

你在一座房子的地下室里独自站着，除了你之外，没有任何人在这座房子里。墙上有三个开关，这三个开关都关闭着。你知道，通过这三个开关可以打开在二楼的三盏灯，可是你不知道，哪个开关连接的是哪盏灯。你在地下室看不到哪盏灯正好亮着。你只可以上一次二楼，去查看一个或多个开关控制灯的情况。

你该如何正确地将开关与灯配对呢？

29. 如何提防邮局里的小偷

但愿你轻松地解决了灯的开关问题，现在有一个更棘手的问题需要你解决。

赫伯特爱上了安格莉卡。虽然他们居住的地方相隔几千米，但他们每天都会聊天和互相发送消息。现在，赫伯特买了一枚非常漂亮的钻石戒指，想要把它寄给安格莉卡。

不幸的是，有些三只手也在邮局工作，他们会悄悄地打开每个包裹。只要发现一些值钱的东西，这些邮局小偷就会顺手牵羊。即使是钥匙他们也会拿走——也许之后还会用到这些钥匙呢。只有用挂锁锁住的箱子，这些小偷才不敢伸手。

因此，赫伯特买了一个箱子、很多挂锁及其配对的钥匙。

在安格莉卡的地下室里也有一个这样的箱子，以及一些锁和钥匙。但是这两个人遇到一个问题：他们各自的钥匙只能打开自己的锁，不能打开另一个人的锁。

问题：赫伯特和安格莉卡该怎样做才能防止邮寄的钻石戒指被偷走？

30. 不可以吃掉马

马在国际象棋的棋子中扮演着特别的角色。强大的皇后也没有它的走棋特征。下面这道谜题所涉及的问题，顶多与真正的下棋只沾一点儿边。

在确保一步棋内不会有马吃掉另外一匹马的情况下，8×8规格的棋盘上最多可以放置多少匹马？另外，请你证明，这个数字即是最大数。

提示：棋盘上一格最多只能有一个棋子。如果你不清楚马如何走的话——它向前直走两格，然后向左或向右移动一格。它只可以吃掉那些在它落棋点上的棋子。途经或越过的格子上的棋子，不会被它吃掉。

31. 比谁最慢的最快方式

但愿马的问题你已经解决啦！你的下一个任务是，在两个年轻男子争夺财产时帮助他们。

一位国王想要将他的财产留给他的两个儿子中的一个。他在遗嘱中指出，谁拥有最慢的马，谁就会获得全部的财产。他还指定了赛跑的路段：从皇宫出发，经过一座桥直到市里，再返回。

两个儿子都骑上了他们的马，尽可能慢地走着。一旦马前进了小小的一步，就会被勒令停下。同样，另一匹马也停滞不前。他们几乎都没有走出一米远。很快他们就明白了，照这样下去，这场比赛永远不会结束。

碰巧路上来了一位智者，他看到这两个年轻人沮丧地骑在他们的马上。“你们这是怎么了？”他问道，“为什么你们骑着马伫立在宫殿前？”王子们向他解释了情况，他们也不知道该如何继续下去。

这位智者请两兄弟下马，并与他们一起坐在宫殿前的长椅上。他劝说了他们一会儿，这两个人就突然跳起来，跨上马鞍，飞快地奔向了市里。不超过十分钟，他们就回来了，遗产的继承人也确定了。

这位智者对兄弟俩说了什么？

32. 聪明的逻辑小矮人

小矮人们既不可以互相说话，也看不到自己的帽子，他们是如何根据帽子的颜色来分类排队的？这就是下面这道谜题的问题所在。

在黑暗的洞穴里生活着逻辑小矮人。他们要么戴着白色帽子，要么戴着黑色帽子。这些小矮人不知道他们共有多少人。一年之中会有一次机会让他们可以离开洞穴并得到一个任务。若他们完成任务，就会获得自由。如果任务失败，他们就必须回到黑暗中继续待一年。

今年的任务是：小矮人相互挨着排队，戴着白色帽子的小矮人站一边，戴着黑色帽子的小矮人站在另一边。不幸的是，小矮人看不到自己帽子的颜色。除此之外，这些小矮人既不可以互相说话，也不可以用其他方式相互告知或者给对方提示，例如用手和眼睛，还有像使用镜子之类的花招也不被允许。

但是，小矮人可以充分发挥他们敏锐的智力。实际上，他们几乎立刻就完成了根据帽子颜色来分类排队的任务。他们究竟是如何做到的？

33. 分久必合：分数之和

我们上学的时候就已学过分数计算了。说实话，我也认为分数计算不那么令人愉快。但是与数学里几乎所有的其他领域一样，也有绝妙的窍门可以用来进行分数计算。用这些小窍门来解题真的很有趣。一则绝妙的例子如下题所示：

请你计算出 999 个分母不同的分数之和，你可以完成吗？

$$x=\frac{1}{1\times 2}+\frac{1}{2\times 3}+\frac{1}{3\times 4}+\cdots+\frac{1}{998\times 999}+\frac{1}{999\times 1\,000}$$

你不能使用计算器，也不可以使用像 Excel 之类的电子表格软件来进行计算。

34. 超重的小钢珠

在经典谜题那一章就有一道题，你只可以通过称一次重量来找到较重的那盘巧克力板。而已知的是，十个托盘中的一个托盘里的所有巧克力板都超重了 5 克。事实上，下面这道题是同样的问题，只是要更难一些。

在仓库里有五个装满小钢珠的箱子。每个钢珠本该正好重 10 克，然而，因为生产出现错误，有一个或多个箱子里面的钢珠重量都是 11 克，超重了 1 克。

你的任务就是，将那些装有 11 克钢珠的箱子鉴别出来。你可以从箱子里拿出任意多的钢珠，但这个由电子显示屏显示重量的秤，你只可以使用一次。你该如何找到那一个或者多个装有超重钢珠的箱子？

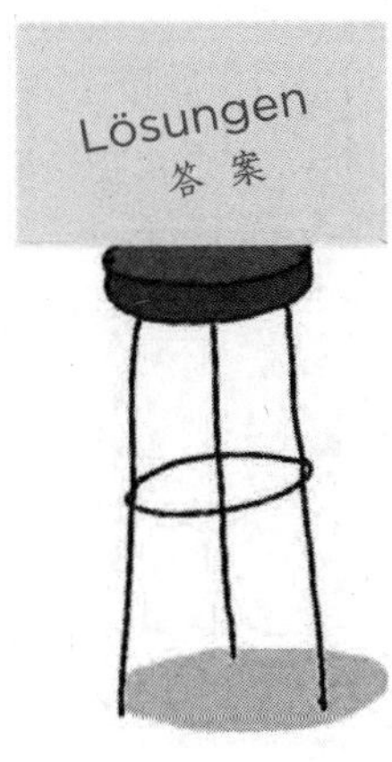
Lösungen
答 案

24. 贝洛的神奇走位

贝洛总共跑了 10 千米。

如果你已经开始计算每一段路程了，那你就把这件事弄得比其本身更复杂了。技巧就是：通过时间来计算跑过的路程。

男主人和女主人相遇要花多长时间？他们一起每小时会走过 20 千米。因为从办公室到家的距离是 10 千米，那么他们恰好就会在半个小时的时候相遇。在这半个小时里，贝洛的速度是 20 千米 / 小时，所以它正好跑了 10 千米。一点儿也不难，对吧？

25. 数字填空

缺少的数字是 417。

如果你仔细观察这些数字，会发现在这个表格中藏着一个不太显眼的规律。可以肯定的是，不是普通的数字相加。精明地尝试几次计算后，你最后终于发现，中间那一列的数字是由其左右两边的数字通过如下的计算而得：

将左边数字的十位数与右边数字的个位数相加，写下结果。在结果后边记下左边数字的个位数与右边数字的十位数相加的和。

按照这个规律，我们要找的数字是：1+3=4，然后在 4 的后边写下 9+8=17，就得到了 417。

26. 猫咪加速度

这只猫会在 9 点 56 分 15 秒时到达奥斯陆。

由于这只猫每跳跃一次，也就是 1 米的距离，它的速度就会加倍，所以 15 千米 / 小时之后就是 30，60，120 千米 / 小时，以此类推。因此，从开始到完成 11 米的路程，它能达到的数值是：

15 千米 / 小时（0~1 米）

30 千米 / 小时（1~2 米）

60 千米 / 小时（2~3 米）

120 千米 / 小时（3~4 米）

240 千米 / 小时（4~5 米）

480 千米 / 小时（5~6 米）

960 千米 / 小时（6~7 米）

1 920 千米 / 小时（7~8 米）

3 840 千米 / 小时（8~9 米）

7 680 千米 / 小时（9~10 米）

15 360 千米 / 小时（10~11 米）

……

这只猫的速度越来越快。熟练使用 Excel 表格的人很快就会发现，它在跑出 27 米后就已经超光速了。当然，这从物理学角度来说是不可能的。

其实，这只猫每米一次的加速早在这之前就已结束了。

题目中说，每当猫听到罐头的声响后，它的速度就会加倍。然而，只要它达到了超声速，就不可能再听到当啷声了，因为它的速度已经比它身后的罐头发出的声波更快了。

在空气中，声音传播的速度比 1 200 千米 / 小时快一些。而这只猫在跑出 7 米之后的速度就已超过了这个数值：此时它的速度为 1 920 千米 / 小时，并且在到达奥斯陆前，它都将保持这个速度。

如果这只猫以 1 920 千米 / 小时的速度跑过 1 800 千米全程，那么它需要 3 375 秒的时间，也就是 56.25 分钟。由于前 7 米的加速过程花费时间只有大约半秒，非常微小，所以我们可以放心地忽略这半秒的时间。

因此这只猫会在 9 点 56 分 15 秒时到达奥斯陆。

27. 有头发的柏林人

第一眼看这个问题，似乎根本无法解答。难道我真的要去数一数柏林人的头发有多少根吗？不，不需要，你只需要知道两组数字。

有多少人在柏林生活？ 350 万。

一个人有多少根头发？从网络上搜来的数据是 100 000~150 000 根，上限是 200 000 根。

若在柏林居住的人少于 200 000，那么理论上每个人都可以有不同于别人数量的头发。从 1~200 000 根皆有可能。然而，因为柏林有三百多万居民，所以至少有两个柏林人有着相同数量的头发（甚至还可以是更多人）。

数学家将这种方法称作抽屉原理：将物体通过抽屉来分配，当物体数量比抽屉数量多时，至少有一个抽屉里会有两个物体。

28. 哪个开关对应哪盏灯

要是只有两个开关、两盏灯的话，这道题多简单。你只需要打开一个开关，走上楼去，亮着的那盏灯就是由你打开的那个开关操控，没亮的则被另一个开关操控。三个开关就行不通了——你必须得上楼两次。不过，有一个小窍门可以帮助你找到正确配对。

由于开灯之后，电灯会变热。因此，你可以先打开一个开关两分钟，在两分钟后将这个开关关闭，然后再将剩下两个开关中的其中一个打开，迅速跑到二楼。温热但没有亮的灯由第一个被按的开关操控，亮着的灯被第二个开关操控。没有亮且冰冷的灯则由第三个开关操控。解决了！

如果你认为只有老式的灯泡才会在亮的时候变热，那你就错了。即使是节能灯和 LED 灯也会变热。所以这个方法对新式灯泡也适用。

29. 如何提防邮局里的小偷

有一个方法可以让赫伯特将珍贵的钻石戒指寄给安格莉卡而不会被邮局的人偷。不是将钥匙寄给她，因为无耻的小偷会用它来开锁。可以肯定的是，赫伯特需要安格莉卡的协助。虽然有这些障碍，以下图画还是展示了这枚戒指最终是如何到达安格莉卡手里的：

第 1 步：赫伯特将戒指放进箱子里，然后用他自己的一把锁封住。他将这个箱子寄给安格莉卡。

第 2 步：安格莉卡收到了这个箱子，但她没有钥匙打开它。现在就是诀窍了：她又挂上了一把她的锁（对此，锁扣必须要有足够大的空间）。然后，安格莉卡将这个挂有两把锁的箱子寄回给她的男朋友。

第 3 步：赫伯特打开他的锁，于是这个箱子就只有安格莉卡的锁在上面。现在，再次寄回给她。

第 4 步：安格莉卡用她的钥匙打开了这个箱子，戒指到手。

还有另外一种解决办法：安格莉卡用普通包裹将她的一把未锁上的锁寄给赫伯特。赫伯特将戒指放进箱子里，然后用这把锁锁上箱子，再寄给他的女朋友。不过这种方法只在两种条件下可行：第一，这把锁必须没有钥匙也能锁上；第二，邮局的小偷不会从包裹里拿走未锁上的挂锁。然而，如果小偷很狡猾的话，他们当然会拿走，因为他们会猜出安格莉卡和赫伯特的计划。

30. 不可以吃掉马

32 匹！

首先我们来看一下，马是如何走的。当它站在白色的格子上时，一步棋后它会落在黑色的格子上；当它站在黑色的格子上时，一步棋后它会落在白色的格子上。

因此，当我们将每个白色的格子都放上一匹马时，这些马是绝对吃不到彼此的。而 64 个格子里有 32 个白色格子，也就是说，我们可以将 32 匹马放在棋盘上。

现在我们还必须证明，32 匹马已经是最大的数字。对此，我们可以观察一下棋盘的部分格局——4 × 2 规格的棋盘。

下图的每个格子都对应一个数字。当一匹马在这八个数字格之一上站立时，它就会自动威胁到有着相同数字的另一个格子，所以那里就不能有马。

1	2	3	4
3	4	1	2

由此可得：在 4 × 2 的棋盘格上最多可以安置 4 匹马。可以想象，当我们将 8 × 8 规格的棋盘分成八份 4 × 2 规格的棋盘时，对整个棋盘而言，最多会有 4 × 8=32 匹马。

31. 比谁最慢的最快方式

智者对他俩说："交换马匹！"

就是这么简单。他们各自骑上自己兄弟的马以最快的速度向前行驶，这样自己的马就会是最慢的了。

32. 聪明的逻辑小矮人

第一个小矮人站在所有人的前面，第二个小矮人站在他旁边，两个小矮人站成了一行。然后剩下的小矮人一个接一个地站进来。若要以此来根据帽子颜色完成分类，那么小矮人们必须遵守两个规则：

1）当站在前面的两个小矮人帽子是同一种颜色时，新来的小矮人就站在他俩的右边或者左边。

2）如果这两个小矮人里已经有黑色和白色的帽子了，新来的小矮人就站在一边戴着黑色帽子和另一边戴着白色帽子的小矮人的中间。

用这种方法，小矮人就可以完全不交流地根据帽子颜色排队。

33. 分久必合：分数之和

答案是 $\frac{999}{1000}$。

计算中我们可以使用以下窍门：

$$\frac{1}{a(a+1)}=\frac{1}{a}-\frac{1}{a+1}$$

我们将这个公式用于所有 999 个分数，就会从 999 个分数中得到 2×999=1 998 个新的分数。在加减符号的交替计算下，会有 1 996 个分数相互抵消：

$$x=\frac{1}{1}-\frac{1}{2}+\frac{1}{2}-\frac{1}{3}+\frac{1}{3}-\frac{1}{4}+\cdots+\frac{1}{998}-\frac{1}{999}+\frac{1}{999}-\frac{1}{1000}$$

最后只剩两个分数，即最前面的 $\frac{1}{1}$ 的和最后面的 $\frac{1}{1\,000}$。即：

$$x=\frac{1}{1}-\frac{1}{1000}=\frac{999}{1000}$$

34. 超重的小钢珠

首先，我们尝试一下在第一章经典谜题中找出过超重巧克力板的策略在这里是否也适用。我们从一号箱子里拿出 1 个钢珠，二号箱子里拿出 2 个，三号箱子里拿出 3 个，四号箱子里拿出 4 个，五号箱子里拿出 5 个，然后把这 15 个钢珠一起放在秤上。

显示屏上的重量最少为 15×10=150 克。若是 151 克，那就是只有一号箱子里的钢珠超重了。然而，若显示屏上为 153 克，那就有两种可能：要么是只有三号箱子里的钢珠超重了，要么就是一号和二号箱子里的钢珠都超重了。因为这一题里面可能会有两个或多个箱子里的钢珠超重。所以，很明显这种方法行不通。

但是，如果我们改变从箱子里取出的钢珠数量，这个方法就行得通了。重要的是，各个箱子里取出的超重钢珠需要有唯一的归属分布来对应秤所显示的每个数值。所以，如果我们用二次幂来解决问题，就可以成功。我们从各个箱子里取出的钢珠可以是：

第 1 个箱子 $2^0 = 1$ 个钢珠

第 2 个箱子 $2^1 = 2$ 个钢珠

第 3 个箱子 $2^2 = 4$ 个钢珠

第 4 个箱子 $2^3 = 8$ 个钢珠

第 5 个箱子 $2^4 = 16$ 个钢珠

我们将这 31 个钢珠放在秤上，然后减去基础总重量，即：

31 × 10=310 克。最后得到的数字可以明确表明超重钢珠的归属。

例如，若这个数字为 16，那就是只有在五号箱子里有超重的钢珠。若数字为 15，那么要找的超重钢珠就在一到四号箱子里，因为只有 1+2+4+8=15。

蓝精灵、说谎者和囚徒

逻辑谜题

备受人们喜爱的谜题类型之一是逻辑谜题。人们经常会用系统性的情况区分法来解开这些逻辑谜题。但有时候也需要创新，例如，当人们猜自己帽子的颜色或者想要从谎言和真话中理清头绪时。

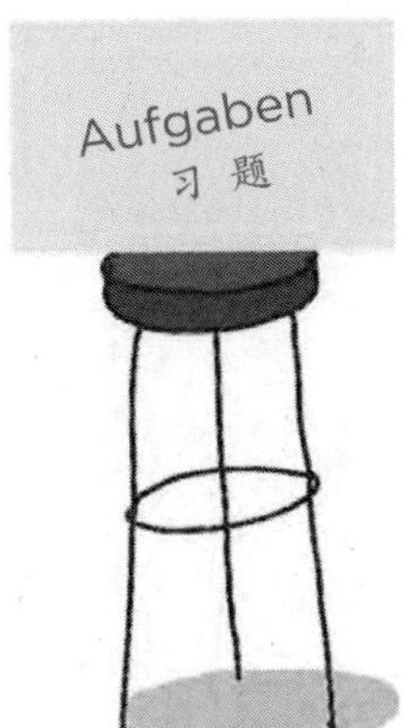

35. 谁是小偷

如果我们所有人都只讲真话，我们的生活会更简单吧？心理学家则对此有所怀疑。他们认为，谎言起着社会黏合剂的作用。老实说，谁想要总是四处听到没有修饰过的真话？人们当然会更喜爱恭维性以及哄骗性的赞扬。

还有，在逻辑爱好者的眼里，谎言也是造福社会的，因为它们是许多有趣的谜题的重要组成部分。下面这道题也是：

博物馆里一幅珍贵的画被盗了。从监控摄像里隐约地看到有一个人，很明显这个小偷是独自作案。

警察抓住了四个男人并进行讯问。只有一个人说了真话，另外三个人都说了谎话。这里有供词：

A：我没有偷画。

B：A 在说谎！

C：B 在说谎！

D：画是 B 偷的。

请你找出，是哪三个人在说谎。还有，你能从中知晓是谁偷了画吗？

36. 找出说谎者

我们继续探究那些不说真话的人。前面的题预先确定了存在多少个说谎者，而这道谜题则没有。

四个奇怪的男士聚在一起，每个人说了一句话：

人物 1：“我们当中的一个人在说谎。”

人物 2：“我们当中的两个人在说谎。”

人物 3：“我们当中的三个人在说谎。”

人物 4：“我们四个人都在说谎。”

问题：谁说的是真话，谁说的是谎话？

提示：我们设定，这些人中的每个人要么只说真话，要么只说假话。

37. 三个逻辑学家去酒吧

逻辑思维严谨的人时常会说出一些有趣的话语。

下面这个酒吧服务员接单的时候，就得仔细思考一下。因为这道谜题的三个主人公是真正的逻辑学专家。他们总是用听起来很奇怪，但形式上有完美逻辑的话来互相打趣。

这三个喜欢动脑筋思考的逻辑学家下班后想在一起喝一杯。他们走进了一家酒吧。酒吧服务员立刻出现在三人面前。他想，他们应该很少来这里吧。

服务员走向他们三人并询问道："你们所有人都点杯啤酒，怎么样？"

接下来的回答让他很疑惑。

"我不知道。"第一个人说。

“我也不知道。”第二个人说。

最后，第三个人笑逐颜开地说：“好的！”

酒吧服务员疑惑地看着这三个人。他到底要给他们端来多少杯啤酒啊？

38. 足球协会的问卷调查

多么奇怪的一个村庄！这里的每个村民要么是说谎者，要么是只说真话的人。除此之外，每个村民都是四个足球协会A，B，C，D中的一个的支持者。

一所民意调查机构询问了这个村庄所有250个居民以下四个问题：

1）您是A队的支持者吗？

2）您是B队的支持者吗？

3）您是C队的支持者吗？

4）您是D队的支持者吗？

有90个人对第一个问题回答了“是”，100个人对第二个问题回答了“是”，第三和第四个问题都各有80个肯定的回答。

请问，有多少个说谎者生活在这个村庄？

39. 桌旁的说谎者

很多人围坐在一张椭圆形的桌子旁。在座之人一部分是说谎者，另一部分人只说真话。在场的每个人都说坐在自己旁边的两个人是说谎者。

坐在桌子旁边的一位女士说道："我们正好有 11 个人。"同样坐在桌旁的一个男士紧接着笑道："哈哈，她在说谎。我们有 10 个人！"

请问：有多少个人坐在桌子旁？其中又有多少人是说谎者？

40. 岛上的说谎者

继续来做一道经典的逻辑谜题。这道题的难度也很经典。系统性的情况区分法可以解决许多逻辑问题，在这里却不适用。这道题更多的是需要你的创造力。

你现在身处一座岛上。这座岛上生活着两个部落，一个部落的人总是说真话，另一个部落的人总是说假话。他们在外表上并没有什么不同，所以无法知晓一个人是否属于说谎者部落。

你想要去岛上的宫殿。此时，你走到一个三岔路口，在这个岔路口立有两块路牌。两块路牌上都写着"宫殿"。但是，这两个牌子指向不同的方向。很明显，有人开了个玩笑，因为你从之前到访的游客那里得知，只有一条路通往宫殿。

幸运的是，在三岔路口处坐着一个男人，你可以向他问路。他是岛上的居民，但你不知道他属于哪个部落。为了找到正确的路，你只可以问他一个问题。

你要问什么样的问题才能成功找到正确的路呢？

解题贴士：首先，你可以问这个男人："一加一等于多少？"从他的回答你就可以知晓他是不是一个说谎者，因为说谎者不会回答"二"。之后你就可以问路了，多亏第一个问题，你知道了如何解析对方的答案。说谎者会将你指向错误的方向，那么你直接走另一条道路就好了。

但这并不是此题的解答思路，因为你向那个男人问了两个问题，而原题只允许问一个问题。

这道谜题的难点在于，说谎者和说真话者对几乎所有的问题都会有不同的答案。因为你不知道，这个男人属于哪个部落，你就不能利用这些问题达到目的。

因此，你需要的是能让两个部落的人回答同样答案的问题。这种问题实际上是存在的!

41. 一个徒步者、两个问题、三只幽灵

当回答问题的人要么是一个说谎者，要么是一个只讲真话的人时，在三岔路口提出正确的问题，已经够难了。下面这道题更为复杂：不仅有说谎的幽灵和诚实的幽灵，还有时而说谎、时而说真话的幽灵。

一个徒步旅行者正走在寻找旅店的路上。当他走到三岔路口时，天色已晚。路口飘着三只幽灵，每只幽灵对真话都有自己不同的表现。白日幽灵只说真话，黑夜幽灵只说假话，黄昏幽灵则根据它的兴趣和心情时而说真话，时而说假话。

这三只幽灵看起来都一样，我们无法分辨谁是哪种幽灵。然而这个徒步者只可以问两个问题，要么向同一只幽灵问这两

个问题，要么向两只不同的幽灵各提一个问题。

徒步者该如何询问，才能找到正确的路？

解题贴士：如果这些幽灵中只有说谎者和说真话者，那么像第 40 题一样，仅需一个问题就足够了。提出让说谎者和说真话者回答出相同答案的问题。这个问题可以是：其他不同于你的类型的幽灵会让我走哪条路？白日幽灵会指向错误的道路，同样，黑夜幽灵也是。徒步者走向那条没有被指的道路即可。

然而在这道谜题里还有黄昏幽灵，它的回答不知真假，这就将事情变得复杂了。但是，这次你可以提两个问题，至少可以用一个问题来解决这个不确定性。

显然，徒步者无论向这三只幽灵中的哪一只提问，都无所谓。所有幽灵看起来都一样，徒步者并不知道哪只幽灵属于什么种类。

因为徒步者可以提两个问题，所以第一个问题的回答很可能决定着第二个问题要向三只幽灵中的哪一只提出。

无论如何，重要的是徒步者要用第一个问题来确保他绝不会向黄昏幽灵提第二个问题，因为它狡猾的回答几乎不可能帮到他。所以关键在于，利用第一个问题来识别出一只或两只不是黄昏幽灵的幽灵。

这样可以帮助你解题了吗？

42. 被难住的万事通

一位聪明的女逻辑学家和一位智慧的男人每天下午都在一起喝茶。他们总是在这个时间相互打赌或者想出些小游戏玩儿。

女逻辑学家想要难住这位智慧的男人，她尝试过很多次，至今都没能成功。也许关键在于，这位智慧的男人真的什么都知道，而且每个问题他都会如实回答。

然而在一个下午，女逻辑学家有了一个主意：她向这位智慧的男人提出了一个特别的问题，这个问题他只可以回答“会”或者“不会”。即使他无所不知，这位万事通也没能成功给出回答。

请问：女逻辑学家问了什么样的问题？

43. 五顶帽子和三个囚徒

在童话故事里，常常会有一位善良的仙女来拯救大家。然而，像下面的题一样，许多谜题靠逻辑才能走出困境。

有三个男人由于参与多起银行抢劫案，最后不得不终身被关在铁牢之中。他们早已放弃自由生活的希望。然而，若他们之中至少有一个人可以正确地说出自己帽子的颜色，新上任的监狱长就会同意给他们一次减刑的机会。

监狱长知道，这三个人都是高智商罪犯。他让人带来了两顶黑色帽子、三顶白色帽子到监狱里，然后从背后给每个囚徒戴上这些帽子中的其中一顶。囚徒们看不到自己的帽子，但是能看到同伴的。监狱长不允许他们相互说话或者以其他任何方式告知对方。

监狱长让人将这三个人带到自己面前并一个接一个地问其头顶的帽子颜色。被问者只能说出一种颜色或者说："我不知道。"只要这三个囚徒中至少一个人说出了正确的颜色，且没有人说出错误的颜色，他们就能得到减刑的机会。因为监狱长想要将这道题出得特别难，所以他让人给这三个囚徒都各自戴上了一顶白色帽子。

“你戴的是什么颜色？”监狱长问第一个囚徒。“我不知道。”囚徒回答道。

第二个囚徒也回答：“我不知道。”现在轮到最后一个囚徒了。他思考了一分钟，然后说出了正确答案：“白色。”

他是如何知道自己戴着白色帽子的？

44. 说谎者和诚实的人

一个遭遇海难的人正漂向一座小岛。这座小岛上生活着说谎者和诚实的人。这名海员想要找出对他讲真话的人，他该怎么做呢？

这个围着救生圈的男人正在靠近小岛。此时天上下着雨，海水奔腾咆哮。这个男人隐约地看到三个人影。他不知道他们当中谁是说谎者，谁不是。

为了找出这三个人里哪个人是诚实的，男人向左边那个人的方向呼喊道："你是一个什么样的人？"答案在狂风中被湮没了。

接着，这个遭遇海难的人向中间的人呼喊道："请告诉我，第一个人说了什么？"他听到了回答："我是一个诚实的人。"

现在他朝向位于右边的第三个人的方向呼叫："你是一个什么样的人？其他人又是什么样的人？"

被问者大喊道："我是一个诚实的人，另外两个人都是说谎者。"

这个遭遇海难的人应该相信谁？

45. 拿什么拯救你：蓝精灵

五十年前，比利时画家皮埃尔·库里佛（Pierre Culliford）创造出了《蓝精灵》。巫师格格巫是《蓝精灵》动画片里的一个重要角色，他总是想要对蓝精灵做些坏事。这个巫师和 100 个蓝精灵就是这道谜题的主角。

这道题是一个当老师的读者建议的。他写道："这道题让我的许多学生都感到绝望，但是那些聪明的学生解答出来了，不过花了不少时间。"这就是他提议的难题：

格格巫抓了 100 个蓝精灵。每个蓝精灵都被关押在单独的小房间里，这些蓝精灵之间不能相互交流。第一天，格格巫将所有 100 个被囚禁的蓝精灵带到一个大厅里，大厅的天花板上悬挂着一个灯泡。

“没有人可以逃出这座牢房。”他对蓝精灵说道，“但是我可以给你们一次机会，让你们重获自由。从明天起，我每天都会随机选择你们当中的一个，他会从小房间被带到这个大厅。被选择的蓝精灵可以打开或者关闭灯的开关一次。但是他也可以选择不做任何事情，这个由他自己决定。接着，我将带这个蓝精灵回到他的小房间。”

这些被囚禁的蓝精灵满脸疑惑。格格巫想要干什么？

格格巫继续说道：“当有一天，你们当中的一个蓝精灵被带到这个大厅里来，并知晓所有其他的蓝精灵至少来过一次大厅的时候，他必须来跟我说。这样你们所有人都将被释放。如果这个蓝精灵弄错了的话，你们所有人都必须死！”

现在，这些蓝精灵更疑惑了。这该怎么办呢？

“你们现在还可以在这个大厅里一起待一会儿，商量一下。”格格巫说，“我已经将这个大厅里的灯打开了，当你们一小时之后被带回到你们的小房间里时，它也会继续亮着。但之后，你们互相之间就再也见不到彼此了！”

幸运的是，这些蓝精灵比格格巫想的要更聪明。他们想出了策略，获得了自由。请问是什么样的策略呢？

46. 拯救工作的逻辑

宫廷里金钱紧缺，国王必须节约。当然，他不想放弃奢华的庆典和他的大型养马场。于是，十个逻辑学家就被排到了解雇名单上。他们为国王参谋了多年，虽然多数是在国王下国际象棋的时候。

然而，因为这十个思想家敏锐的逻辑一再让国王印象深刻，所以国王同情他们，想要给他们一次机会来保留他们薪资不菲的工作。他们只需完成下面的任务：

“你们依次按身高站成一排。左边站最高的，右边站最矮的。每个人都面向矮的方向，不可以转身，也不可以走出队列。然后，我会给每个人戴上一顶黑色或白色的帽子。你们看不见自己的帽子，只能看见站在你们前面的人的帽子。从左边高的人开始，每个人都要说出他自己帽子的颜色。只允许说‘黑色’和‘白色’这两个词。”

十个逻辑学家一时间没了主意。这该怎么办？

“你们有五分钟的时间用来相互讨论，此后你们就必须列队站好，戴上帽子。当你们十人中有至少九人说出正确的颜色时，你们就可以继续留在宫廷里为我效力。”

十个逻辑学家在一起商量着，两分钟之后他们就准备好了。最后他们完成了任务并以此挽回了自己的工作。他们是如何做到的？

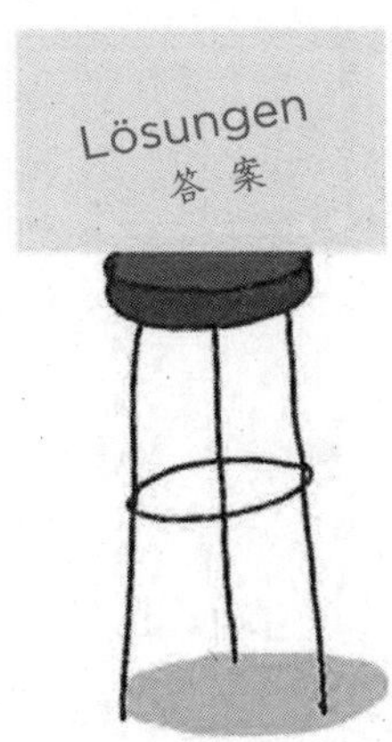
Lösungen
答案

35. 谁是小偷

B 是唯一说真话的人，A 就是要找的小偷。

解答这样的逻辑谜题，就可以用到真值表了。这个表格囊括了所有可以想到的不同情况。列出表格后，我们来检验每种情况是否牢靠，也就是有没有矛盾。关于如何运用真值表，我们最好用具体例子来解释。

四个嫌疑人中，只有一个人说了真话。我们必须区分四种不同的情况：

	情况 1	情况 2	情况 3	情况 4
A	真话	说谎者	说谎者	说谎者
B	说谎者	真话	说谎者	说谎者
C	说谎者	说谎者	真话	说谎者
D	说谎者	说谎者	说谎者	真话

每一列都是一种情况。我们现在来检验，这四种情况中的哪一种没有矛盾。不过，也有可能存在多个情况都没有矛盾，那么这道题就没有明确的答案了。这里重复一下这四句供词：

A：我没有偷画。

B：A 在说谎！

C：B 在说谎！

D：画是 B 偷的。

情况 1：这种情况排除。这里面 B 和 C 两人都是说谎者。但是 C 说，B 在说谎。若这句供词是真话，那 C 就不再是说谎者，这就矛盾了。

情况 2：因为 A 说谎了，那么 A 就是小偷。另外三个嫌疑人的供词也并不矛盾。也就是说，只有 B 说了真话。

情况 3：不可能。A 和 B 两人都是说谎者。但是 B 说，A 在说谎，那这句供词就变成了真话，不再是谎言了。这是不可解的矛盾。

情况 4：这种情况我们也可以剔除。与情况 3 一样，如果 A 和 B 两人都是说谎者，B 的供词就会存在不可解的矛盾。

36. 找出说谎者

人物 3 是唯一说真话的人，其他人都在撒谎。

为了方便，我们再重复一下这四句话：

人物 1："我们当中的一个人在说谎。"

人物 2：“我们当中的两个人在说谎。”

人物 3：“我们当中的三个人在说谎。”

人物 4：“我们四个人都在说谎。”

我们可以系统地将所有能想到的情况组合逐个探究。例如：人物 1 说谎了，其他人都没有说谎。那上面四句话与此情况相符吗？又或者：人物 1 和人物 2 都说谎了，其他两人则没有。无论如何，用这种方式最后都能找到答案。但是这需要花费一些功夫，因为总共有 16 种不同的情况。

直接比较这些语句会解答得更快一些。

由于这四个男人的话互相矛盾，因此可以排除有一个以上的人在说真话。也就是说：要么三个人在说谎，要么四个人都在说谎。因此，需探究的情况数量明显减少了。

我们来探究第二种情况：所有人都撒谎了。这会导致逻辑矛盾，因为如果是这样，那人物 4 的话就不是谎言，而是真话了。如此一来，人物 4 就不是说谎者，这就与他所说的“我们四个人都在说谎”相矛盾。因此，这种情况不可能正确。

最后只剩下三个人在说谎的情况。那么人物 3 就是唯一在说真话的人，这也是唯一可能的答案。

37. 三个逻辑学家去酒吧

这个酒吧服务员需要端来三杯啤酒，每个逻辑学家一杯。

显然，这三个人在踏进酒吧之前并没有讨论过他们要喝什么。所以，面对服务员的问题："你们所有人都点杯啤酒，怎么样？"第一个人说："我不知道。"由此可得，他必定想给自己点杯啤酒，否则他就会回答"不"。因为这个酒吧服务员的意思是："你们所有人都点杯啤酒吗？"然而第一个逻辑学家并不知道其他人想喝什么，他只能回答："我不知道。"

第二个逻辑学家也是相似的情况。虽然他现在知道第一个逻辑学家想要一杯啤酒，但是第三个逻辑学家也想要啤酒吗？所以，第二个人回答"不知道"，至少透露他想要给自己点一杯啤酒，否则他就会回答"不"。

现在轮到第三个逻辑学家。他从他的两个同伴的回答中得知，这两个人每个人都想要点一杯啤酒。因为他回答道："好的！"就是说，他也想要给自己点一杯啤酒。这样就清楚了，酒吧服务员需要端来三杯啤酒。

38. 足球协会的问卷调查

250 个村民中有 50 个说谎者和 200 个只说真话的人。

为了找出答案，我们需要知道说谎者和说真话的人会如何回答这四个问题：

1）您是 A 队的支持者吗？

2）您是B队的支持者吗？

3）您是C队的支持者吗？

4）您是D队的支持者吗？

每个说真话的人，会对其中一个问题回答“是的”（因为他支持四队中的一队），对其他三个问题回答“不是”。

而说谎者恰好相反，只会回答一次“不是”（问到他支持的球队时），回答三次“是的”（问到他不支持的那些球队时）。

我们总结一下：每个说真话的人会给出一次肯定的回答，每个说谎者会给出三次肯定的回答。

由此，我们设 w 是说真话者的数量，l 是说谎者的数量，那么所有肯定回答的总数量就是 $w+3l$。而肯定回答的总数量很简单就能计算出来：

1）您是A队的支持者吗？ 90个肯定回答。

2）您是B队的支持者吗？ 100个肯定回答。

3）您是C队的支持者吗？ 80个肯定回答。

4）您是D队的支持者吗？ 80个肯定回答。

肯定回答的数量是 $90+100+80+80=350$。另外，因为村庄里有250个居民，我们得知 $w+l=250$。由此可以得出以下方程组：

$$w + l = 250$$

$$w + 3l = 350$$

由此可得：$2l=100$，即 $l=50$。因此，有 50 个说谎者。

39. 桌旁的说谎者

总共有 10 个人，其中 5 个是说谎者，5 个是说真话者。

为什么呢？由于每个人都说自己的邻座是说谎者，那么挨着坐的两个人中就一定有一个是说谎者，另一个则为说真话者。

说谎者说他的邻座说谎，然而他的邻座是说真话的人（这就是说谎了）。而说真话的人又表明，他的邻座说谎了（符合实际）。

因此，说谎者和说真话者是交替而坐。又因为桌子是椭圆形的，每个人都有两个邻座，所以总人数是偶数。见下图：

若总人数是奇数，就一定会有两个人挨着坐在一起，而且这两个人要么都说谎话，要么都说真话。然而这是不可能的。

那么，究竟有多少人围坐在桌旁？那位女士说，桌旁坐有11个人，那么她显然是说谎者，因为11是奇数。反之，男人说的是真话，他指出那位女士说的是谎话，并且总共有10个人。

40. 岛上的说谎者

问这样的问题可以让你到达目的地：若我想要去宫殿，不属于您部落的人将会为我指哪条路？

如果你面对的是一个说谎者，那么他就会给你指向错误的道路。因为说真话者会指向正确的道路，所以说谎者就会指向错误的道路。

假如这个人来自说真话的部落，那他同样也会指向错误的路。因为这就是说谎者的回答，说真话者只是复述而已。

不管这个人属于哪个部落，他总是为你指向错误的道路。你只需选择另外一条道路，这样就会如愿以偿地到达宫殿。

41. 一个徒步者、两个问题、三只幽灵

第一个向幽灵提出的问题是：另外两只幽灵中的哪一只更有可能说真话？

对此答案我们需要区分三种情况：

1）向白日幽灵提出这个问题，答案会指向黄昏幽灵。

2）向黑夜幽灵提出这个问题，真实的答案应该是指向白日幽灵。然而，因为黑夜幽灵是说谎者，它会像情况1里一样指向黄昏幽灵。

3）向黄昏幽灵提出这个问题，正确的答案应该是白日幽灵。然而，因为黄昏幽灵有时会说谎，所以它可能会指向白日幽灵，也可能会指向黑夜幽灵。

现在该怎么办？仔细看这些答案，你就会明白，黄昏幽灵要么是被询问的幽灵（情况3），要么就是被问幽灵所指向的幽灵（情况1和情况2）。

但是，除了被问的幽灵和被问幽灵所指向的那只幽灵之外，还有第三只幽灵。徒步者向这第三只幽灵提出他的第二个问题就可以了，因为它要么是黑夜幽灵，要么是白日幽灵。

第二个问题有些复杂：当我询问去旅店的路时，另外两只幽灵当中，除了黄昏幽灵之外的幽灵会将我指向哪里？

这里需要区分两种情况：

1）这个问题是向白日幽灵提的。那么另外一只不是黄昏幽灵的幽灵就是黑夜幽灵。黑夜幽灵会指向错误的道路，白日幽灵就会因对真相的忠诚而指向错误的道路。

2）这个问题是向黑夜幽灵提的。那么另外一只不是黄昏幽灵的幽灵就是白日幽灵。白日幽灵会指向正确的道路，黑夜幽灵作为说谎者就会因此指向错误的道路。

总结：在两种情况里，被问者都会指向错误的方向。徒步者只需走向另一条道路，就可以直接到达旅店了。

42. 被难住的万事通

这道题其实可以想出各种各样的问题，但是这些问题都有着相似的性质。我建议这个问题可以是：

“这个问题你会回答‘不会’吗？”

若是这位智慧的男人回答了“不会”，那么他说出“不会”的同时，也就是在否定会用“不会”来回答，这就矛盾了。相反，他若回答“会”，同样也会产生矛盾，因为这个男人用“会”来确认他将回答“不会”，但他并没有回答“不会”。

以上整个问题与说谎者悖论紧密相关。当有一个人说“我在说谎”时，那么他就陷入矛盾之中了。问题出在这句话的内容关系到说出这句话的人。我们设想，实际上这个人正好在说谎，那么他反而就不能说出这句话，因为若说出，这句话就不是谎言了。

相反，当我们认为他此刻说的是真话，他没有撒谎时，这种情况同样自相矛盾，因为他说的“我在说谎”就不符合事实了。

根据这样的逻辑原理，“这句话是假的”这个句子也是一个说谎者悖论。在这里，这个句子的内容关系到句子本身。

《明镜周刊》网络版的一些读者给出了其他的问题建议。提出的问题可以涉及未来的某个事件，例如：“明天会下雨吗？”或者关系到“薛定谔的猫”的思想实验：“这只动物会在两个月后死掉吗？”但是严格来讲，万事通是什么都知道的，即使它与物理定律相矛盾。

还有一个更好玩儿的问题：“当你说谎时，你会脸红吗？”有个读者论证道，因为这个万事通从来没有说过谎，他就不可能知道正确的答案，然而若他回答“我不知道”，那他就失去了作为万事通的名望。

43. 五顶帽子和三个囚徒

这三个囚徒的囚服号码分别是 111，222，333，最后一个被问的囚徒穿着 333 号囚服。他看到了他的两个同伴头上戴着白色帽子，而他自己可能戴着一顶黑色或白色帽子。显然，他从 111 号和 222 号囚徒的回答中推理得出，只有白色是正确的。

为了理解这背后的逻辑，我们必须设身处地从每个囚徒的角度来思考，同时还要考虑到每个人能利用的其他信息。

至少从 333 号囚徒的角度来说，111 号和 222 号囚徒的帽子颜色是确定的——白色。因此，对 333 号囚徒有两种可能的情况：他的帽子要么是黑色，要么是白色。现在我们来更仔细地看看这些情况。

情况 1：333 号囚徒的帽子是白色的。

111 号囚徒看到了两顶白色帽子，那么他的帽子颜色可能是白色，也可能是黑色。所以按照逻辑，他说道："我不知道。"

222 号囚徒同样也看到了两顶白色帽子。我们要从他的角度来想。他自己可能戴有一顶白色或者一顶黑色的帽子。那么，111 号囚徒要么看到了两顶白色帽子，要么看到了一顶白色和一顶黑色帽子。在这两种情况里，111 号囚徒对询问他帽子颜色的问题都会回答："我不知道。"111 号囚徒的回答让 222 号囚徒没有任何能推导出自己颜色的线索。由此，222 号囚徒同样回答："我不知道。"

结论：虽然我们还不知道 333 号的颜色是什么，但 111 号和 222 号给出的答案与 333 号囚徒头戴白色帽子的情况是相称的。然而，这些条件并不能够证明什么。我们必须再看看另一种情况。

情况 2：333 号囚徒的帽子是黑色的。

111 号囚徒看到了一顶白色帽子和一顶黑色帽子，那么他的帽子颜色可能是白色，也可能是黑色。所以按照逻辑，他说道："我不知道。"

222 号囚徒看到一顶白色帽子（111 号）和一顶黑色帽子（333 号）。从同伴 111 号的回答中，222 号囚徒得出，他自己必戴了一顶白色的帽子。因为，若他的帽子是黑色的，那么 111 号囚徒就会看到两顶黑色帽子。由于只有两顶黑色的帽子，那么 111 号囚徒就会回答，他的帽子是白色的。

但是他并没有这么说，所以 222 号囚徒确定他自己的帽子是白色的。然而 222 号囚徒也没有回答"白色"，而是说："我不知道。"由此得出，333 号囚徒没有戴黑色的帽子，否则 222 号囚徒会知道自己帽子的颜色。

我们证明了，333 号头戴一顶黑色帽子的设想与 111 号和 222 号囚徒给出的答案不相符。因此，情况 2 不正确。那么，333 号的帽子就只能是白色的了。

44. 说谎者和诚实的人

这个遭遇海难的人可以相信中间的那个人。

左边第一个被问的人属于哪类人其实无所谓，因为他总是会回答："我是一个诚实的人。"为什么？因为，如果他真的是诚实的人，那么他说的就是真话。而如果他是一个说谎者，那么他说自己是诚实的人就是在说谎。

由此可以得出，无论如何，中间的人说了真话，也就是他是诚实的人。

所以，右边的人就是说谎者。因为他说他是诚实的，其他两个人都是说谎者。

这样，我们就知道中间的那个人可以相信，而右边的人不可以相信。

可惜我们无法判定左边的人。他可能是一个说谎者，但同样也可能是诚实的人。为什么会这样呢？因为右边的人说："另外两个人都是说谎者。"当两个人都是诚实的人时，他说的就是谎言；当一个人是诚实的而另一个人是在说谎时，严格来讲，这句话仍然是谎言。

45. 拿什么拯救你：蓝精灵

从被囚禁的蓝精灵中选出一个计数的蓝精灵，并约定如下：除了计数蓝精灵之外的所有蓝精灵在进入这个大厅时，只要灯已经亮了，就什么都不能做。反之，若灯灭了，就打开开关——但是只有当他们第一次走进没有光亮的大厅时才能打开开关。而每个蓝精灵只能开一次灯。

计数蓝精灵则有另外的要求：只要灯开着，他就要关掉灯。若大厅里一片黑暗，那么他就什么都不做。同时，计数蓝精灵必须记住他已经关了多少次灯。当他第 100 次按开关的时候，他就能确定，其他的 99 个蓝精灵都已经到过这个大厅至少一次了。

46. 拯救工作的逻辑

左边最高的逻辑学家虽然不能判断出他自己帽子的颜色，但是他可以为他的九个同事提供有用的提示，因为他可以看见所有的九顶帽子。困难在于，他跟所有其他人一样只可以说出“黑色”或者“白色”。如果他能说出数字，例如他看到的黑色帽子的数量，那么事情就更简单了。

他可以用“黑色”或“白色”这两个词编译出什么信息呢？

窍门如下：当他看到站在他前面的九个同事戴有奇数顶黑色帽子时，他就说“黑色”。相反，若这个数字为偶数，他就说“白色”。

他所说的话与自己帽子的颜色没有关系，反正他也看不见。但他可以帮助九个其他的逻辑学家正确说出他们自己的颜色。下图可以展示这是如何运作的：

左边最高的逻辑学家看到三顶黑色帽子，是一个奇数，于是他就说“黑色”。若数字为偶数，他就会说“白色”。

这时，左边第二高的人就会知道，他身后的人看到奇数顶黑色帽子，如果他自己也同样看到了奇数顶帽子，也就是三顶。那么他一定是戴了白色的帽子，于是他就说出“白色”。

而第三个人只看到了两顶黑色帽子，是一个偶数。他身后的人看到的是奇数顶帽子，由此他得出：自己戴了一顶黑色的帽子，就说了“黑色”。其他所有人可以由此推断出，在七个较矮的人里面，黑色帽子的数量一定是一个偶数。

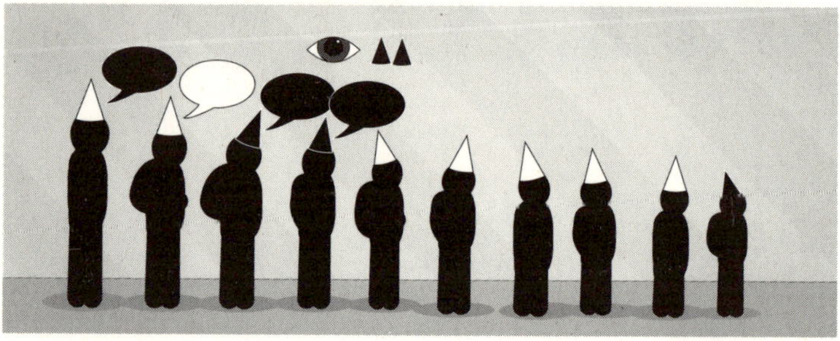

左边第四个人看到的是一顶黑色帽子，一个奇数。然而他身后的人看到的是偶数顶黑色帽子。于是，第四高的人意识到自己同样也戴了一顶黑色帽子，并说出了“黑色”。由此可得：在六个较矮的人里面，黑色帽子的数量再次是奇数了。

第五高的人发现他前面有一顶黑色的帽子，是一个奇数。他身后的人也看到了奇数顶黑色帽子。于是第五个人知道了他的帽子是白色的。

第六个人的情况与此类似。他同样也会说“白色”。

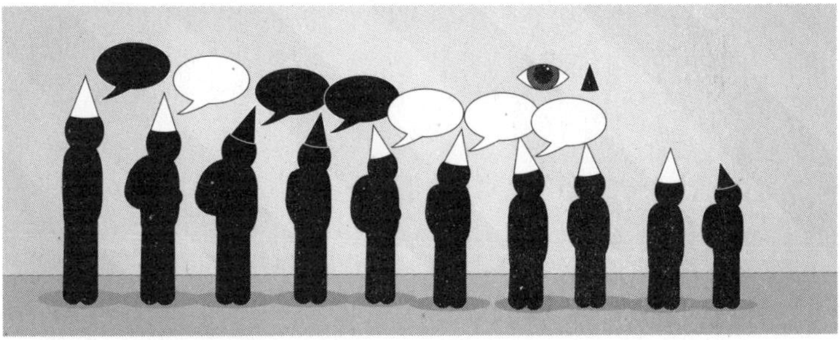

第七个人同上。

第八个人也同上。

第九个人同样是说“白色”。

十个人中最矮的逻辑学家在仔细听了其他所有人说的话后，他就知道了在他身后的五个人看到的是奇数顶黑色帽子，而这五个人戴的都是白色帽子。由此可得：他自己的帽子必定是黑色的。这样，十个人中就有九个人说出了帽子的正确颜色。

瓷砖和圆圈

直观几何题

在经历了原地转圈毫无进展之后，才会有勇往直前的胜利。生活中处处都有几何学。几何是如此直观与形象，这就是几何本身的美。直观与形象时常会使解几何谜题的过程更简单一些。不过也不总是如此。

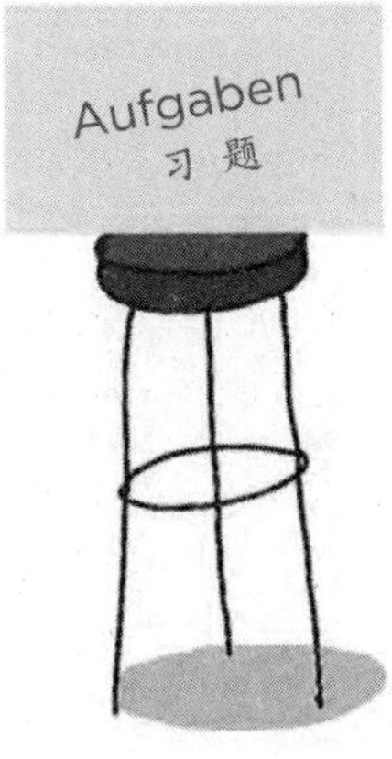

47. 调皮的螺旋线

本章第一个问题就需要花费相当多的功夫：一个细长的圆柱体上画有一条线，这条线从上到下螺旋缠绕着圆柱体。这条线有多长？

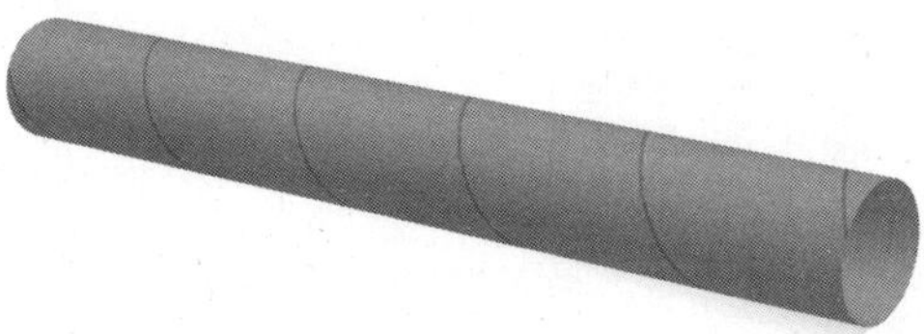

圆柱体长 10 厘米，直径为 1 厘米。螺旋线从圆柱体的一端开始，正好到间距 10 厘米的圆柱体另一端结束。螺旋线均匀上升，围绕圆柱体正好五圈。

这条线有多长？

48. 一个正方形 = 两个正方形

麻烦事儿来了：两个兄弟一起继承了一块正方形板。这块板曾经挂在他们祖父的房子里。两个人都想将这块板据为己有，这当然是不可能的。那么，这块好东西是否可以很巧妙地被拆分开来，让每个人都能得到一个自己的正方形板呢？

这块板由 5×5 块彩色的瓷砖组成，每块瓷砖的中间都画着一朵鲜花。将这块板锯开，分成尽可能少的几块。为了不破坏这 25 个小方块，只可以将正方形板沿着彩色瓷砖的区分线锯开。

这对兄弟当然知道，要想利用所有 25 块瓷砖，最后的解决办法就只能是分成两个不同大小的正方形。也就是一个正方形由 9 块（3×3）组成，另一个正方形由 16 块（4×4）组成，总和就是 25 块（5×5）。

请你将这块正方形板用锯子分成尽可能少的几块，然后将这几块重新组合成两个正方形。重要的是，鲜花也都要正立在这两块较小的正方形板上。

49. 认命地数砖块？

多么漂亮的由三角形和六边形组成的图案啊！请你想象一下，你站在一个无边无际的大房间里，房间里铺设的都是这种图案的瓷砖。

这些黑色三角形都是同样大小的正三角形；白色六边形也都是同样大小的正六边形。三角形的边长正好是六边形边长的一半——见下图。

请你观察上图铺设了瓷砖的地板：黑色占整个面积的比例是多少？

提示：为了简单起见，我们忽略掉瓷砖之间的缝隙，也就是缝隙宽度为零。

50. 圆里的相交直线

这道题将计算和几何再次结合到一起。不过，此题与学校考试的那种老一套的题不太相同。计算只是第二步，首先需要的是敏锐的思考。

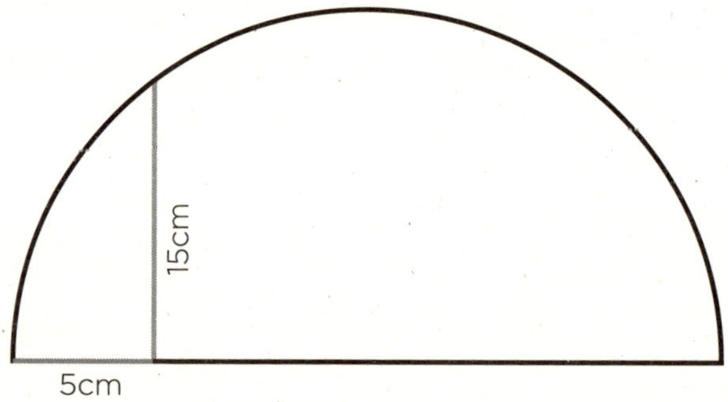

图中已给出一个半圆，我们不知道它的半径长度。在直径的左边截取一段 5 厘米长的灰色线段。第二条线段垂直于该直径，从第一条线段右边的终点到圆的边缘，正好长 15 厘米。

此圆的半径多大？

51. 农民、树、三角形草场

人们经常对遗产问题争论不休。有时，几何知识也能对此类问题有所帮助，让继承者们可以愉快地达成一致。

一位农民想要将一片草场遗赠给他的两个孩子。儿子和女儿正好都可以各自得到这块三角形土地的一半。

然而这里存在一个问题：草场的边缘正好有一棵老樱桃树。这两个孩子都很喜爱它——当他们还小的时候，就经常在树上爬上爬下。两个人都非常想要将这棵树留在他们自己的那半边草场上。为了解决这个矛盾，农民决定：这棵树应该正好位于两块草场的分界线上。这样，这棵树就可以由儿子和女儿共同所有。

下图呈现出树的位置。三角形 ABC 是草场的范围。樱桃树位于三角形 BC 边上的 X 点。

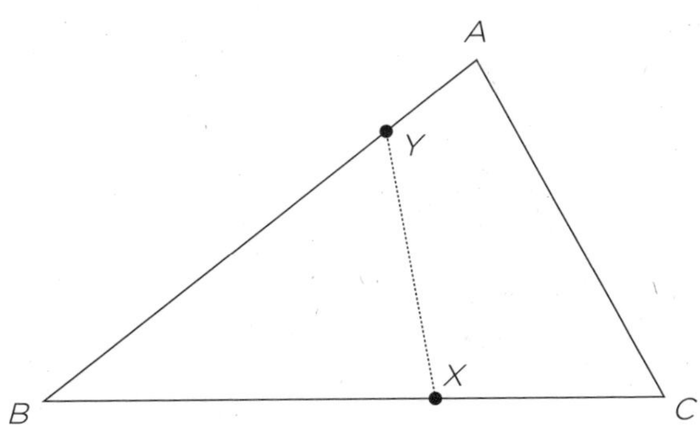

如何找出 AB 边上的 Y 点，从而使线段 XY 正好将三角形 ABC 平分？

如果已知边长，那显然很简单地就能计算出来。但是此题你必须要用笔、没有刻度的直尺和没有刻度的三角尺以及圆规将 Y 点构建出来。

52. 两个棱锥体的贴面礼

在 1980 年的 10 月，如往年一样，美国上百万的高中生参加了学业能力倾向初步测验（PSAT）。关于这场考试，至今仍有许多争论。

从过去到现在，这个考试的分数一直是学生们申请梦寐以求的大学奖学金的重要影响因素。下面这道几何题就是这些试题中特别棘手的题目之一。

已知有两个棱锥体。其中一个棱锥体的底面为三角形。这个棱锥体也就是所谓的正四面体。

另一个棱锥体的底面为正方形，四个三角形侧面也都是同样的大小。因此，这个几何体有五个表面。

两个棱锥体所有的边都一样长，也就是正四面体中的三角形 ABC 正好与另一个棱锥体的三角形 EFG 相同。把这两个面精确地彼此贴合，我们就可以将这两个棱锥体拼在一起。

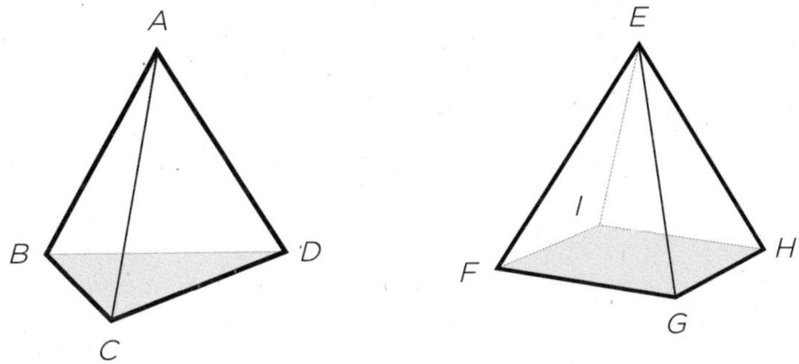

问题：由此组成的新立方体有多少个表面？5个、6个、7个、8个还是9个？

53. 灰色的阴影面积

下面这道题出自日本的谜题创造者藤村幸三郎。

已知一个四分之一圆，在圆里面另画有两个半圆。这两个半圆的直径正好是四分之一圆的半径——见下图。两个半圆的

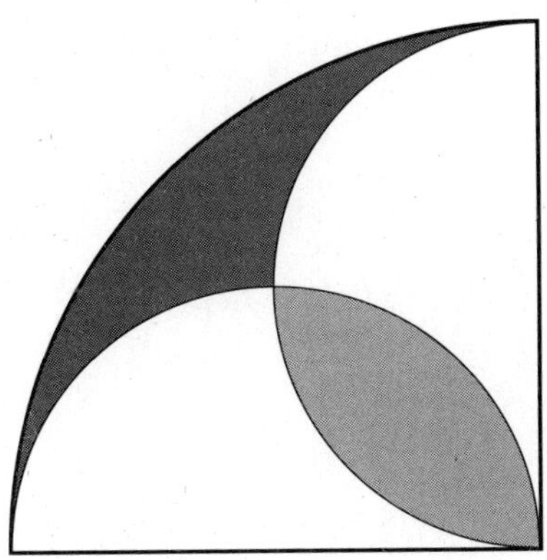

弧线形成了两个封闭的图形，图中分别用深灰色和浅灰色表示。

请你证明，深灰色面积和浅灰色面积一样大。

54. 切割立方体

现在要考你的空间想象力了。请你观察左边的立方体，两个相邻的面分别画有一条对角线。两条对角线相交于正方体正前方上面的角。

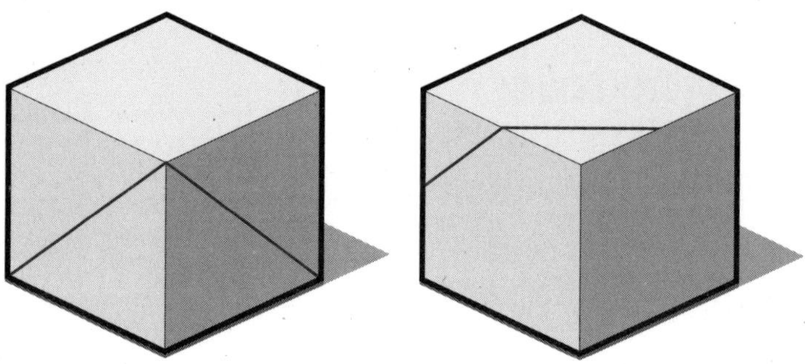

这两条对角线所形成的夹角是多大？提示：不是 90 度。

还有一道附加题：右边立方体的两个相邻的面上同样也画有直线。两条直线连接立方体三条相邻边的中点，并相交于左上方的边。

还是同样的问题：这两条直线所形成的夹角是多大？（这

里也不是 90 度。)

55. 圈圈圆圆圈圈

至少需要多少个半径为 1 的圆片，才能将半径为 2 的圆片完全覆盖住?

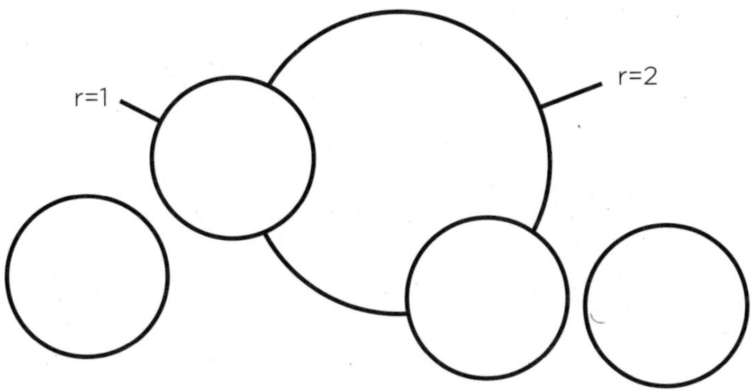

56. 再塞一个球进去

已知一个立方体的边长为 a，内部包含一个半径为 $\frac{a}{2}$ 的球体。球体的中心正好位于立方体的中心。我们要在立方体内部的顶点处放进去一个较小一些的球体，这个小球体不仅刚好能够触碰到汇于同一个顶点的三个立方体面，还能触碰到大球体。

这个小球体的半径是多少?

57. 地毯妙用

地毯十分实用。我们可以将一些东西隐匿于地毯之下，它能够完美地遮饰地板上的丑陋之处。下面这道谜题就与此相关。

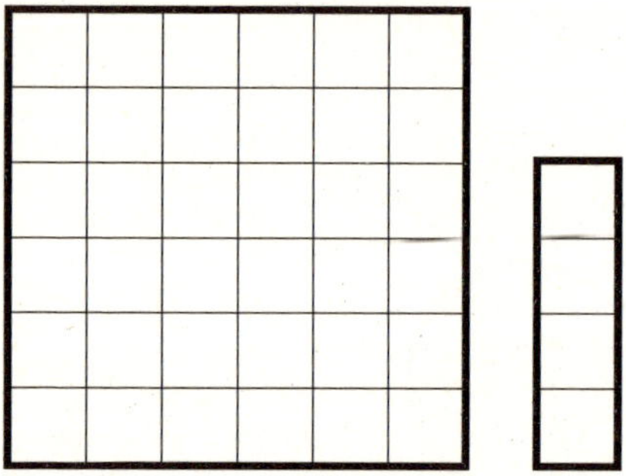

房间的地板已经很旧了。你可以重新打磨地板，或者铺上新的木地板。但最经济实惠的办法是铺上地毯。幸运的是，你的地下室里还储藏着正适合使用的两块地毯。

这两块地毯，一块是 6 米 ×6 米大小，另一块 4 米 ×1 米大小。其总面积为 36+4=40 平方米。需要铺设地毯的这个房间也正巧这么大：8 米 ×5 米。

为了不让这道题太过于简单，你只可以用刀具将其中的一块地毯裁剪成两块。你可以用直线或者曲线裁剪，也可以裁剪出拐角。但你不可以将地毯折叠或者卷起来之后再用刀具裁剪。

你可以将这两块地毯中的一块裁剪成两部分，并用这三块地毯刚好覆盖住 8 米 ×5 米大小的地面吗?

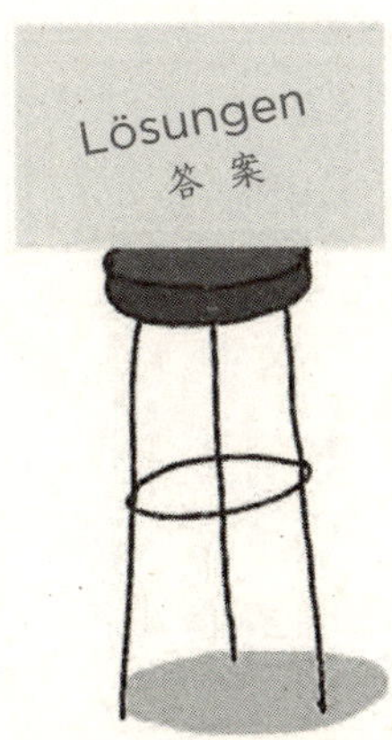
Lösungen
答案

47. 调皮的螺旋线

长度为 18.6 厘米。

此题的难处在于，螺旋线是三维的。但是有一个简单的窍门可以用来解开这道题，那就是直接在平面上展开这条螺旋线。因为螺旋线绕了五个完整的圆，就需要将此圆柱体完整地摊开翻转五次。最后，圆柱体滚动所经过的距离就是圆柱体底面周长的五倍。

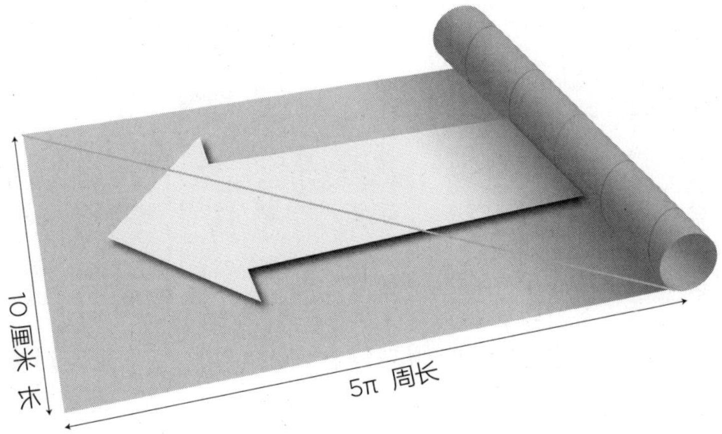

摊开后螺旋线就变成了一条直线，这条直线就是长方形的对角线——见上图。长方形边长分别为一倍圆柱体的长度和五倍圆柱体底面的周长。根据勾股定理（$a^2+b^2=c^2$）我们可以很简单地计算出这条灰色对角线的长度，即：圆柱体长度的平方加上五倍圆柱体底面周长的平方之和的根。

$$对角线长度 = \sqrt{10 \times 10 + 5 \times 3.14 \times 5 \times 3.14}\ 厘米$$

$$对角线长度 = \sqrt{100 + 246.7}\ 厘米$$

$$对角线长度 = \sqrt{346.7}\ 厘米$$

最后的结果就是 18.6 厘米。

48. 一个正方形 = 两个正方形

可以拆分成的最少块数为四块。下图为裁锯方案。

还有读者给我分享了其他两个不同的方案，它们也可以解开这道谜题。

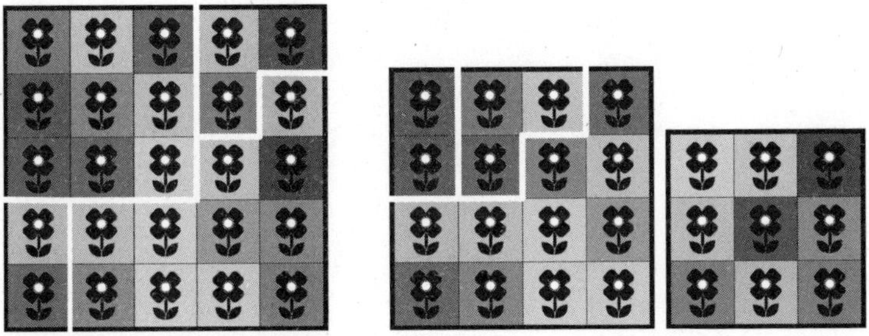

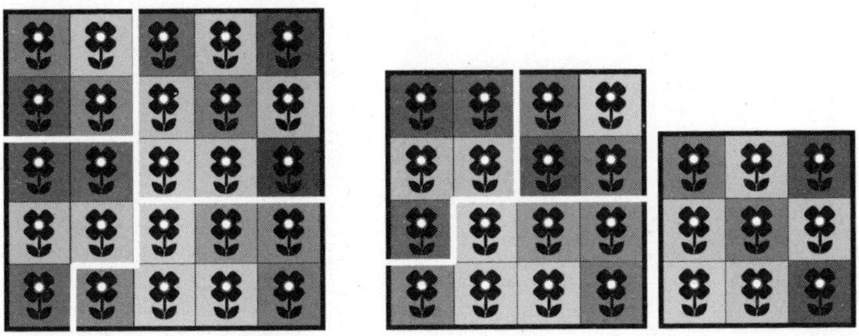

在这两种方案里，都将 3×3 块瓷砖组成的正方形作为一个整体裁出来了，但剩下部分的拆分方法是不一样的。

49. 认命地数砖块?

黑色部分占全部面积的 $\frac{1}{13}$。

地上黑色瓷砖的数量正好是白色瓷砖的两倍。想象一下，将一个六边形瓷砖和两个三角形瓷砖组成一个不规则的八边形，如下图。

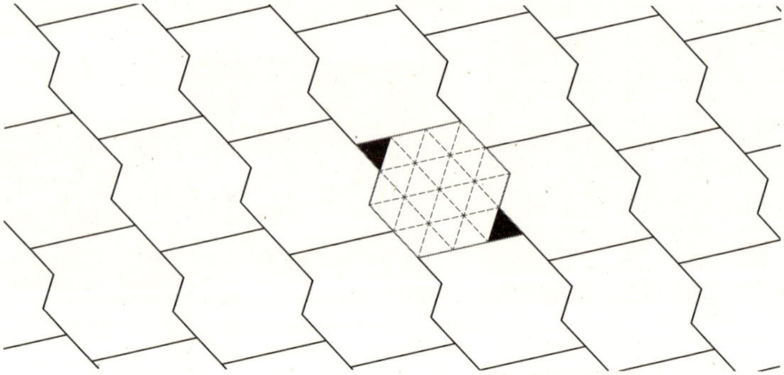

这样，地板就完全被相同形状和大小的八边形瓷砖覆盖了。如果我们想要计算出黑色面积的比例，只需要计算出八边形里的黑色面积的比例就足够了。

八边形里有两个黑色三角形和一个白色六边形。我们可以将六边形拆分开来：首先分为六个等边三角形，再将这六个三角形每个分为四个等边三角形。这 6 × 4=24 个三角形正好跟每块黑色瓷砖大小一样——见上图。

如此，不规则八边形由相同大小的 24 个白色三角形和 2 个黑色三角形组成。所以黑色的比例是：

$$\frac{2}{24+2}=\frac{2}{26}=\frac{1}{13}$$

50. 圆里的相交直线

半径为 25 厘米。

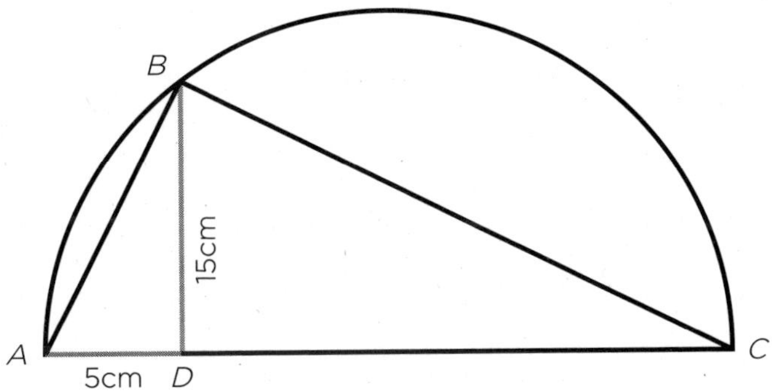

我们在直径之上画出一个三角形 *BCD*。根据泰勒斯定理，这个三角形一定是直角三角形。由此得出：三角形 *ABD* 与 *BCD* 相似，彼此对应的边比例相同。在三角形 *ABD* 中，长直角边是短直角边长度的三倍。由此得出：线段 *DC*，即三角形 *BCD* 中的长直角边长度为 3×15=45 厘米。因此直径为 5+45=50 厘米，半径则为 25 厘米。

51. 农民、树、三角形草场

这道题有多种解决办法。我用画图草拟出了一个特别绝妙的解答方案。

首先，将 *X* 点与 *A* 点连接起来。然后用圆规和直尺，在线段 *BC* 上标出中点 *M*。

最后一步，经中点 *M* 画出一条与 *AX* 平行的直线。这条直线与 *AB* 相交之处即是要寻找的 *Y* 点。

为什么呢？

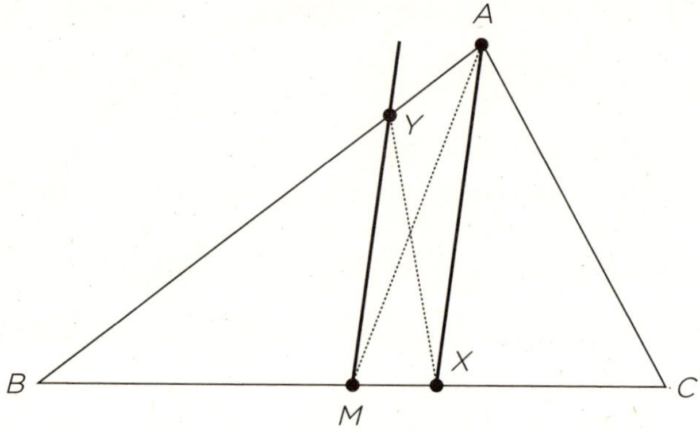

三角形 *ABM* 和三角 *AMC* 面积相等。若在梯形 *AYMX* 里画出两条对角线，你马上就会发现，三角形 *AYM* 和三角形 *YXM* 也同样面积相等。因此，三角形 *YBX* 与三角形 *ABM* 和四边形 *AYXC* 都有相同的面积。

52. 两个棱锥体的贴面礼

正确的答案是 5 个。严格来说也可以是 8 个，因为这道题阐述得不够严谨。

不过，许多中学生都选择了“7 个面”的答案。起初，这道题的答案也是 7 个，而不是前面给出的 5 个。对此论证如下：如果将有 5 个表面和 4 个表面的两个立方体拼合在一起，那么新产生的立方体就会有两个侧面在内部消失。于是就有 5+4-2=7 个面。

然而这个答案并不正确，出题者后来也不得不承认错误。因为新产生的立方体中有 4 个三角形面，分别以两两连接在一起的方式位于同一平面上。

为了更好地理解，我们可以设想将那个底面为正方形的棱锥体复制一份，再将这个复制品放在原型旁边。如下图所示，这两个棱锥体的表面为可以透视的白色。

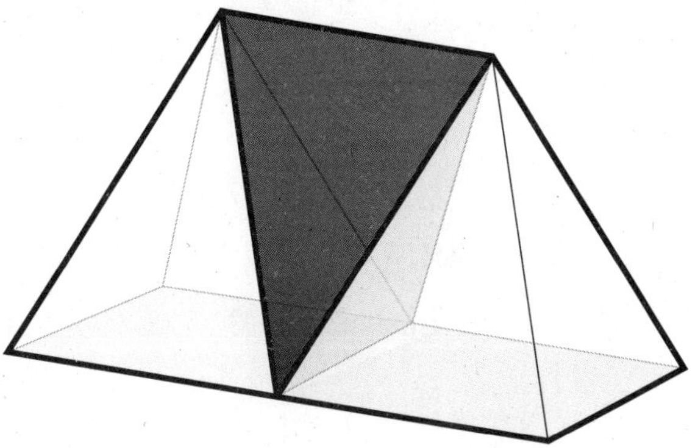

在这两个白色的棱锥体之间，正好可以放下标画为灰色的正四面体。这个正四面体从上至下完全填充了这两个棱锥体顶点之间的空间，生成的图形如同一顶帐篷。

这就到了关键之处：一个灰色的侧面和其紧邻的两个白色侧面是位于同一水平面上的，帐篷的前后两面都是如此。

现在我们来想象去掉其中一个白色棱锥体。剩下的立方体就是我们这道题要求得的立方体。于是，面的数量就不是 7，而是 7-2=5。因为两个三角形处于同一平面上形成了一个共同的面，两面皆如此。

那第二个答案 8 个面又是如何得出的？理论上，我们还可以将正四面体置入正方形底面的棱锥体里面，即穿透进去，两个三角形侧面从里面相互贴。如此，正四面体的顶点就会捅穿正方形底面的棱锥体。又因为顶点有三个侧面，就得出 5+3=8 个面。

1980 年的考试成绩在后来不得不被纠正。毕竟有 24 万中学生选择了答案 A（5 个面）。不过，原本错误的答案 C（7 个面）也仍然被判为正确答案。

与此相反的是，明显只有极少数人选择的——更确切地说，在理论上是可行的答案——B（8 个面）在纠正之后仍被视为错误答案。这使得哥伦比亚大学的一位医科学生戴维 · 福里斯特（David Forrest）在《纽约时报》（*The New York Times*）上发表了一段有趣的话。他是这样调侃的：将这个答案判为错误答案，是“歧视未来的内科医生和心理分析师，因为他们自始至终都认为——一切存在皆有其内在面”。

53. 灰色的阴影面积

如果我们采用四个四分之一圆，就可以组合成一个完整的圆，如下一页的图。如此，这个问题就更一目了然了。

设大圆的半径为 r，那么四个小圆的直径同样也是 r。已知半径为 r，求圆的面积计算公式为 $\pi \times r^2$。π 为圆周率。我们不需要知道其他条件就能解答这道题。

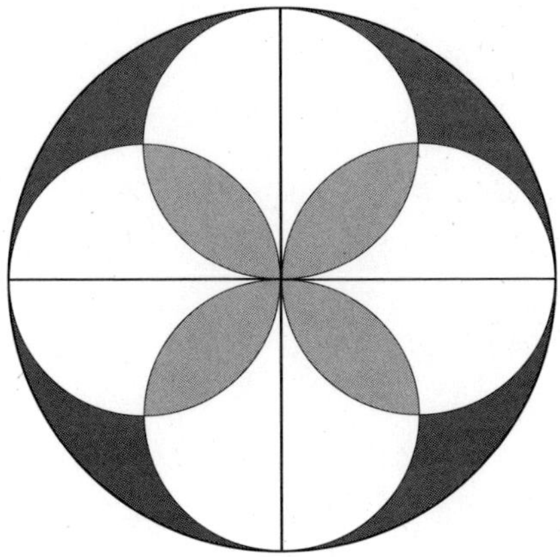

大圆的面积为 $\pi \times r^2$。我们也可以理解成是以下面积的总和：

1）四个深灰色部分的面积。

2）四个白色小圆的面积减去四个浅灰色部分的面积。

我们必须减去浅灰色部分的面积，不然就重复计算了。四个白色小圆的总面积为：

$$4 \times \pi \times (\frac{r}{2})^2 = 4 \times \pi \times \frac{r^2}{4} = \pi \times r^2$$

这个面积正好是大圆的面积。

由此即可得出，浅灰色和深灰色的面积一样大，因为：

$$\pi \times r^2 = 4 \times \text{深灰色面积} + \pi \times r^2 - 4 \times \text{浅灰色面积}$$

或者另一种写法：

$$\pi \times r^2 = \pi \times r^2 + 4 \times \text{深灰色面积} - 4 \times \text{浅灰色面积}$$

当我们将等式两边的 $\pi \times r^2$ 抵消，再除以 4，就得到：

深灰色面积 = 浅灰色面积

54. 切割立方体

答案是 60 度和 120 度。

通常我们可以用一些小窍门来解几何谜题。如题中的两个立方体，你直接在其侧面继续画线条就行，这样第一个问题就会得到一个等边三角形。在第二个附加问题中则形成了一个正六边形。回答夹角大小的问题就变得很简单了。

在第一个问题里，将立方体旋转。你立刻就会发现画上第三条对角线后产生了一个等边三角形。需要确定大小的夹角就正好是等边三角形的内角，也就是 60 度。

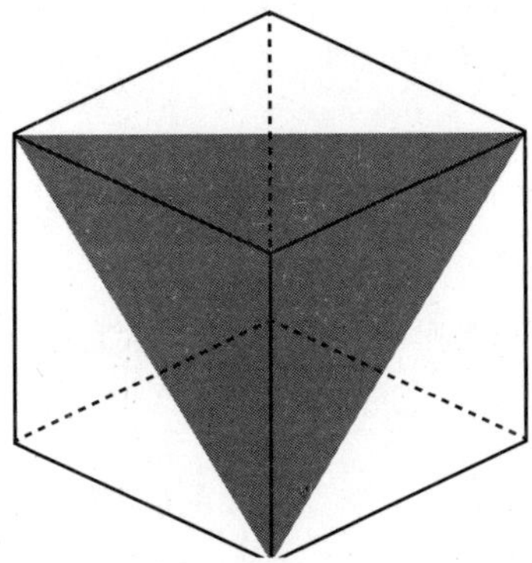

在附加题中，形成的不是三角形，而是一个正六边形，其内角为 120 度。

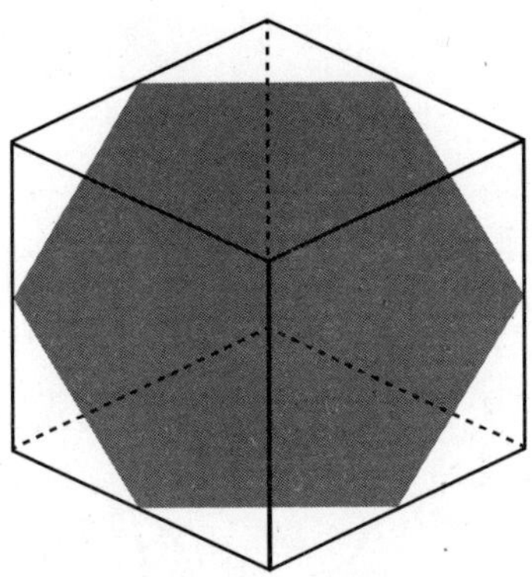

你也可以将深色的部分看作是截面。如果你沿着深色截面将立方体锯开，你就可以得到一个正三角形或者正六边形。

55. 圈圈圆圆圈圈

答案是 7 个。

半径为 1 的圆要将半径为 2 的圆周线完全覆盖，至少需要多少个小圆呢？答案是 6 个。

5 个不行，因为一个半径为 1 的圆最多可以覆盖住的线段长度为 2。换算到大圆上，线段长度为 2 对应的是整个圆弧的六分之一（见下图）。想要覆盖住整个圆弧的长度，至少需要 6 个圆。还缺一个圆片正好用来放在大圆的中间。因此至少需要 7 个才能完全覆盖大圆，如下图所示。

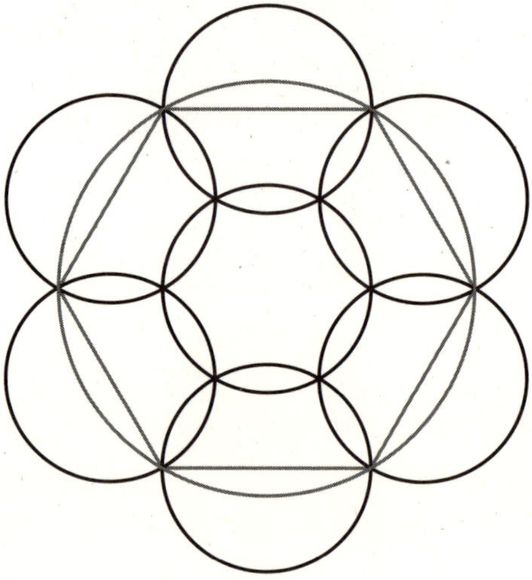

56. 再塞一个球进去

半径为 $\frac{a(\sqrt{3}-1)}{2(\sqrt{3}+1)}$。

我们首先要计算出大球球面到立方体顶点的距离。大球中心到顶点的距离为 $\sqrt{3}\times\frac{a}{2}$。

因此，大球球面到顶点的距离为 $\sqrt{3}\times\frac{a}{2}-\frac{a}{2}=\frac{a}{2}(\sqrt{3}-1)$。

我们可以将这个距离用立方体内部所含的小球体的半径 r 来表示，即大球球面到顶点的距离为 $r+\sqrt{3}r$。因此：

$$\frac{a}{2}(\sqrt{3}-1)=r(\sqrt{3}+1)$$

$$r=\frac{a(\sqrt{3}-1)}{2(\sqrt{3}+1)}$$

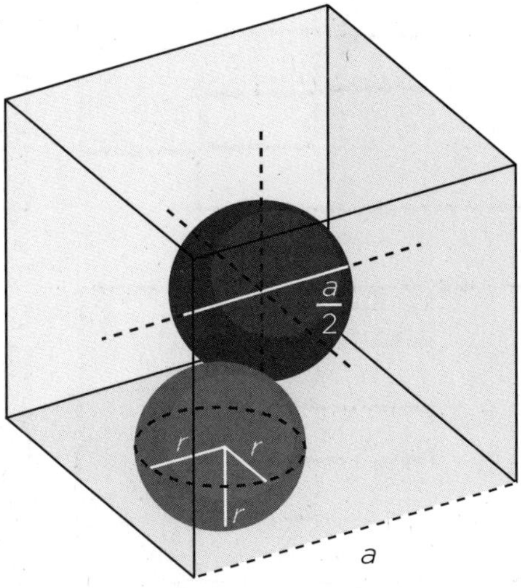

57. 地毯妙用

是的，这道题是有解的。下图即为解决办法，你需要将6 米 ×6 米的那块地毯裁剪成阶梯状。

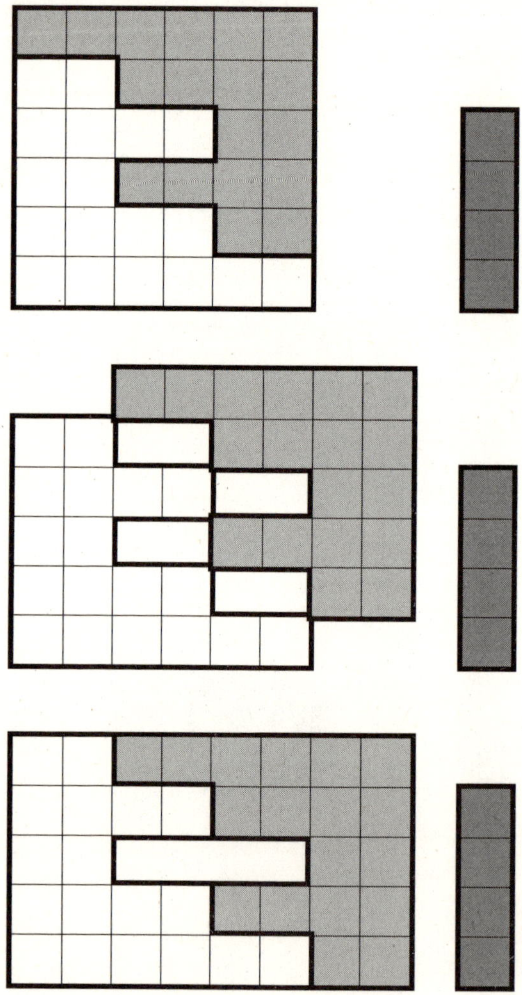

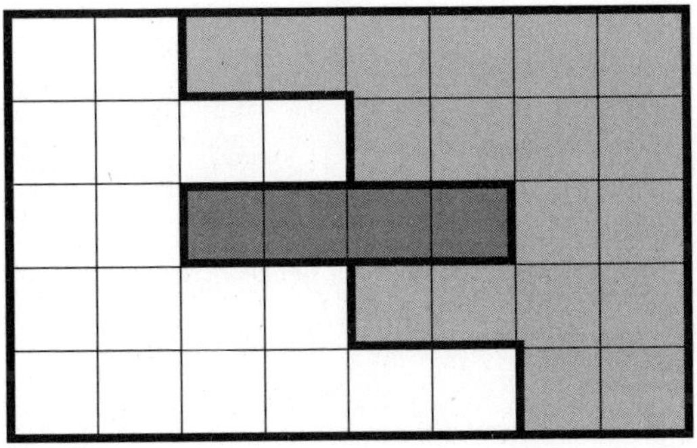

我承认，这是一道相对比较难的谜题。主要是因为我们得知的条件并不太清楚。究竟该如何裁剪地毯：是按“之”字形？还是按对角线斜着裁剪？

这道地毯谜题是我在一个数学网站上发现的。不过网站上的原题还要更难一些。一方面因为原题中的两块地毯更大；另一方面因为原题缺少明确的提示：允许剪裁出直角。

一变四

数字谜题

一个疯癫的计算器，一位混淆了欧元和欧分的出纳员，一场天才的魔术戏法。在这章里，你必须将所有事物都考虑到。只有一件事是肯定的：它们都与数字相关。

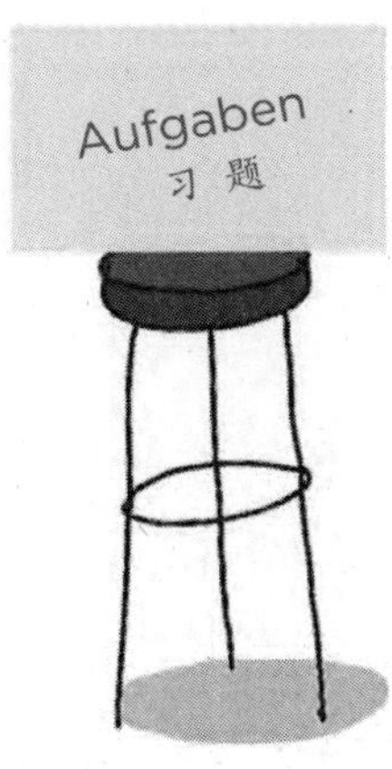

58. 算出他们的年龄

我们先来看看一个由母亲、父亲和两个女儿组成的家庭。父亲的年龄比母亲大两岁。四个家庭成员的年龄全部相乘得到数字 44 950。

这四个人的年龄分别是多大?

提示：年龄为整岁，即为整数。

59. 找出规律

此题是智力测试题中的典型例题。已知网格里有多个数字，其中一格里是一个问号。

你需要找出问号处本该是什么数字。当然，此题背后有规律可循。

60. 胡说八道的计算器

原本来说，做数字加法是没有什么回旋余地的，1+1 只等于 2，不存在其他答案。至少只要我们以现在通用的规则来计算自然数，就不会有其他答案。

$$8 + 3 = 510$$

$$9 + 1 = 89$$

$$18 + 7 = 1124$$

$$12 + 4 = 815$$

$$6 + 2 = ?$$

不过，本题里的计算器运作方式却大不相同。当我们用它来计算数字相加的时候，它会给出相当奇怪的答案。例如，我们输入 8+3，却得到答案 510。似乎哪里出错了。

难道有谁开玩笑把这个计算器重新编程了，让它显示出的答案都是随机的？不管我们输入什么数字相加，得到的答案都是错误的，看起来确实像随机出现的。

不过，也许这背后还有另一套规律？如果是这样的话，你应该可以算出 6+2 时这个计算器会得出什么答案。

那么请问，6+2 等于多少呢？

61. 有多少个数字能被 45 整除

你肯定知道什么是因数。如果你还懂得一些组合数学，那么下面这道问题对你来说就不是什么难题。

请问，究竟存在多少个能被 45 整除，并且会含有数字 1，2，3，…，9 各一个的九位自然数？

62. 幂的杂耍

也许你听说过一些计算天才，这些人可以在大脑中将一个上百位数的数字开 13 次方，并且只需要几秒钟的时间。

不要担心，你现在不需要做这种题。与前面的题相比，下面这道题就是儿童游戏：

$111^6+222^6+333^6+444^6+555^6$ 所得数的最后一位数的数字是？

要求：你不能使用计算器或者电脑来解题。

63. Forty + ten + ten = sixty

你肯定已经见过这种谜题类型了：字母代表着数字 0 到 9。同一个字母代表同一个数字，不同的字母代表不同的数字。这背后有什么样的加法规则？

forty

+ ten

+ ten

= sixty

64. 2010 年德国奥数题

阿格妮塔（Agneta）、伯特（Bert）、克拉拉（Clara）和丹尼斯（Dennis）共同想出了一个自然数，并将其写在了一张字条上。他们的朋友想要猜出这个数字是多少，于是他们四个分别说出了关于这个数字的两句话（名字简称为 A，B，C，D）：

A1：这是一个三位数。

A2：这个数的所有数字的乘积是 23。

B1：这个数可以被 37 整除。

B2：这个数由三个相同的数字组成。

C1：这个数可以被 11 整除。

C2：最后一位数的数字是 0。

D1：横加数比 10 大。

D2：百位数上的数字既不是最大的数字，也不是最小的数字。

另外，为了将这道谜题变得更难解一些，他们四个人还特别说明了他们每个人说的两句话中，一句是真的，一句是假的。

请你找出可能在这张字条上写着的数字。

此外，这道题还是（德国）2010 年 10 年级的数学奥林匹克竞赛题。此题出现在地方轮，是四个竞赛级别中的第二级。所以它具有一定的挑战性，但其实不是特别难。

65. 把数字倒过来

一些数字具有十分奇特的特征，现在就需要你来找出这样奇特的数字。

自然数 n（n 大于 0）与 6 相乘的积与原数 n 的字面数字相同，但顺序相反。请问存在这样的自然数吗？

举例：如果 n 是 139，那么 139×6 的积就必须为 931，但最后的乘积其实是 834，并不是 931。因此，139 就不满足这道题的条件。

66. 数字魔法

三个魔术师每个月都会见一次面，聊一聊魔术戏法。这些魔术师一直在寻求新的创意。因为，从帽子里变出来兔子，藏在耳朵后的钞票和消失得无影无踪的硬币已经使他们感到厌烦了。

这三个人都痴迷数字游戏，因此他们非常有兴趣地读着一个同行好友从韩国发来的电子邮件。这封邮件里记载着一个关于数字的戏法，然而并不完整：

“我请一位观众想出任意一个两位数的数字，不要告诉我。然后重复写四遍这个数字，这样就得到了一个八位数的数字。接着，我会问这位观众最喜爱的颜色和他的生日。经过短时间思考，我认为我现在已经知道这个数的因数是什么了。这是一个两位数，但我在这里还不想透露给你们。我会让那位观众用计算器核算。至今为止，我的答案一直都是正确的。”

“很酷的把戏，”第一个魔术师说，“我认为这个数字是73。这个八位数的数字能被73整除。”

第二个魔术师补充道：“无论如何，这个数都能被13 837整除。”

“13 837？”第三个魔术师反对说，“这么大的数字我可算不出来。但是 83 肯定是这个八位数的因数。”

谁说的对？

67. 古怪的运算

我们在小学就已经学过如何进行加法计算，但是下面这张字条上的运算很明显是按照另一套规则来的。

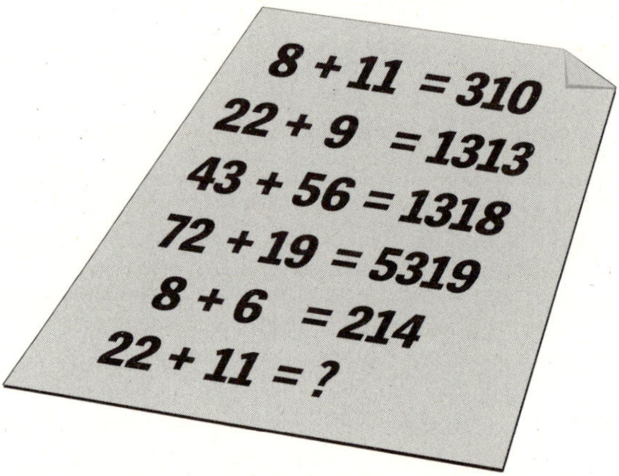

这张图中，每一行都是求两个数字的和，但是得出的计算结果却完全不正确。8+11 从来不会得出 310。22+9 的和也绝不可能是 1 313。

也许这背后还有另一套计算规律？如果有的话，那你肯定也知道 22+11 等于多少。

68. 混淆欧元和欧分

玛利亚喜欢买彩票，这次她终于中奖了。虽然只押对了三个数字，但毕竟中奖了！于是她就去彩票销售点领取奖金。

玛利亚旁边站着一位较年长的男士。他想要买一份报纸，但他看了看他的钱包，发现自己还差5欧分。中奖之后的玛利亚非常慷慨大方，就从她的奖金中拿出了5欧分送给这位男士。回到家里，玛利亚数了数钱，惊呆了。她清楚地记得，当她去领取奖金的时候，她的钱包是空的。但是现在，她钱包里的钱却有中奖金额的两倍那么多。这是怎么回事？

她仔细数了数钱，然后又想起自己给了那位男士5欧分。于是，她很快就明白究竟发生了什么：男出纳员将欧元和欧分弄反了，他付款给她的时候，将欧分的数额给成了欧元，欧元的数额给成了欧分。

玛利亚的官方中奖金额是多少？

69. 剩下的钱给妹妹

两个兄弟正在售卖他们共同的手办收藏。每个手办的收入都是欧元整数，且正好与手办总数量一样多。他们两个人的收入分配如下：

一个兄弟拿10欧元，另一个兄弟拿10欧元。然后第一个兄弟继续拿 10 欧元，第二个再拿 10 欧元，以此类推。在第一个兄弟最后一次拿到 10 欧元之后，剩下的钱就不足 10 欧元了。于是他们将剩下的钱送给了他们的妹妹。

妹妹得到了多少钱？

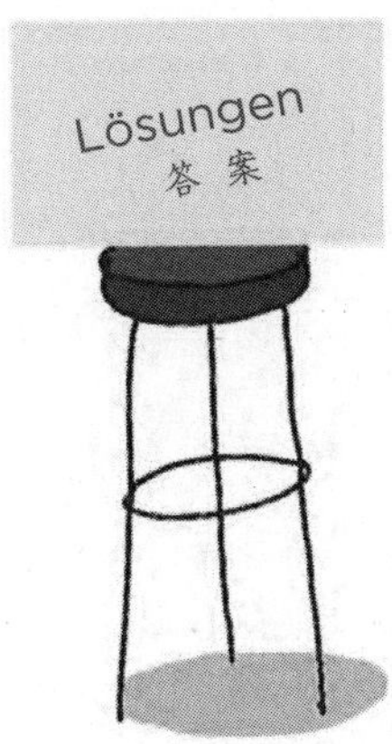
Lösungen
答案

58. 算出他们的年龄

两个女儿分别为 5 岁和 10 岁，父亲和母亲分别为 31 岁和 29 岁。

我们将 44 950 分解质因数得到：

$$44\,950 = 31 \times 29 \times 5 \times 5 \times 2$$

理论上，两个孩子或者两个孩子之一可以是 1 岁，因此我们把 1 也算作两个因数：

$$44\,950 = 31 \times 29 \times 5 \times 5 \times 2 \times 1 \times 1$$

因为父母的年龄相差两岁，那么就只有 31 和 29 可行。其他的数字组合，不符合年龄差。

如此就还剩 $5 \times 5 \times 2 \times 1 \times 1$ 是孩子们年龄的乘积。理论上可以是 25 岁和 2 岁、10 岁和 2 岁，或者 50 岁和 1 岁。但是由于父母的年龄（31 岁和 29 岁），就只剩下 10 岁和 5 岁为正确答案。

59. 找出规律

问号位置的数字是 6。

“十”字形中间的深色格子中的数字是由相邻的浅色格子中的数字计算而得。

我们用左上方的深色格子里的数字 4 来举例说明其计算规律。首先将格子 4 对角线上的两个相邻格子里的数字相乘（深色圆圈标出）：即 1×9=9。再减去与 4 同一边的外面两个格子（浅色圆圈标出）里的数字总和：即 2+3=5。

所以，整个计算为（1×9）-（2+3）=9-5=4。

同理，4 旁边问号位置处的数字为：

$(3\times7)-(9+6)=21-15=6$

60. 胡说八道的计算器

6 + 2 = 47

当你仔细地观察计算器的答案时，你会猛然发现，这背后确实有另一套规律。

$$
\begin{aligned}
8+3 &= 510\\
9+1 &= 89\\
18+7 &= 1124\\
12+4 &= 815\\
6+2 &= ?
\end{aligned}
$$

以 8+3 来举例。我们由等式左边的两个数字计算出另外两个数字，并依次写下算出来的两个数，就是答案。

首先我们计算出这两个数字的差。即：8-3=5

然后再计算出这两个数的和。不过，还要再减去 1，即：8+3-1=10

依次写下 5 和 10 就得到答案 510。

在 6+2 的等式里，我们得到 6-2=4 和 6+2-1=7，所以最后答案为 47。

61. 有多少个数字能被 45 整除

有 40 320 个。

我们要找的是含有因数为 45 的九位数自然数。45 是质数 3，3，5 的乘积。这就意味着：一个数要想被 45 整除，那么它就必须能被 5 和 9（=3×3）整除。

反之亦然：一个数同时能被 5 和 9 整除，那么它也能被 45 整除。为什么会这样呢？当我们将这个数分解质因数，那么，在分解中肯定会出现因数 3×3 和 5。3×3×5=45，因此 45 也会是这个数的一个因数。

但是，什么情况下一个数可以被 5 整除？什么情况下可以被 9 整除呢？

5 的情况较为简单：数字的最后一位必须以 5 或 0 结尾。但是根据题目设置，数字 0 完全没有出现。那么最后一位的数字就只能是 5。

一个自然数能否被 9 整除，可以用横加数来解答。如果一个数的横加数能被 9 整除，那么这个数本身也能被 9 整除。我们把一个数的各个数字相加，就可以计算出这个数的横加数。例如：288 的横加数为：2+8+8=18。

我们题中的九位数的横加数就是 1+2+3+…+9=45，而 45 能被 9 整除。因此，含有数字 1，2，3，…，9 各一个的任意一个九位数，都能被 9 整除。

总结：只要最后一位数是 5，那么每一个我们可以想到的含有数字 1，2，3，…，9 各一个的九位数，都可以被 45 整除。现在，我们还需要找出，存在多少个不同的这样的数。

正好有 8×7×6×5×4×3×2×1=40 320 个。因为第一位数我可以从 8 个不同的数字中选出，第二位数可以从 7 个数字中选出（因为前面已经选了一个数字），第三位数可以从 6 个数字中选出，以此类推。

另外，数学家们将这样的乘积称为阶乘，并用一个叹号来表示：

8！=1×2×3×4×5×6×7×8

62. 幂的杂要

最后一位数的数字是 5。

这道题的窍门在于，你只需要关注这五个数字的个位数。因为，只有个位数上的六次幂能决定这五个六次幂数的最后一位数是什么数字。

为什么会这样呢？我们只要将这些数字分解成个位数和剩下数字的十倍数，就立刻清楚了。

例如 111^6，我们可以写成 $(110+1)^6$。通常，我们还可以写成二项式公式 $(a+b)^6$ 再计算。你不要被这复杂的计算结果迷住了，我们后面不需要利用这个公式：

$$(a+b)^6=a^6+6a^5b+15a^4b^2+20a^3b^3+15a^2b^4+6ab^5+b^6$$

因为数字 a 含有因数 10（a=110=10×11），且上面公式的等号右边除了 b^6 以外的所有加数项都至少含有一个因数 a，所以，等号右边除了 b^6 以外的所有加数项都是 10 的倍数。唯一的例外就是 b^6。因此，（当 a 是 10 的倍数时）我们只需要 b 就能确定 $(a+b)^6$ 的最后一位数的数字是什么。

因此，我们也可以将这道题做如下表达：

$1^6+2^6+3^6+4^6+5^6$ 的所得数的最后一位数的数字是什么？

这样就简单多了。

1^6 是 1。

2^6 就是 $2^2\times2^2\times2^2=4\times4\times4=64$，最后一位数的数字是 4。

3^6 就是 $3^2\times3^2\times3^2=9\times9\times9=81\times9$。最后一位数的数字是 9。

用同样的方法，我们还可以算出，4^6 的最后一位数的数字 6，5^6 是 5。

1+4+9+6+5=25，所求和的最后一位数的数字就是 5。也就是我们要找的答案。

有谁想要自己再计算一遍的：

111^6 = 1 870 414 552 161

222^6 = 119 706 531 338 304

333^6 = 1 363 532 208 525 369

444^6 = 7 661 218 005 651 456

555^6 = 29 225 227 377 515 625

再将这五个数字相加，得到 38 371 554 537 582 915。这串数的最后一位数的数字确实是 5。

63. Forty + ten + ten = sixty

forty
+ ten
+ ten
= sixty

29 786
+ 850
+ 850
= 31 486

首先，我们需要知道最右边的个位数列，字母 n 只有可能是 0 或者 5。十位数列同样也是 e=0 或者 e=5。因为个位数列没有向十位数列进位，所以 n=0，e=5。

现在我们来看前面的数列。万位数列和千位数列必须从右边的数列中得到进位，才能使 o 变成 i，f 变成 s。

这里的加法运算是：百位数列向千位数列进位的数字只可能是 1 或者 2。因此，字母 o 只能是 8 或 9。但是 i 不能为 0，因为 0 已经分配给其他字母了。所以就只剩下唯一的组合 o=9、i=1 并向前进 2 位。

现在，千位数列和百位数列的数字须满足：

$$f + 1 = s$$

$$r + 2t + 1 = 20 + x$$

我们将所有可能的数字组合都尝试一遍，只剩下一个答案：

f = 2，s = 3，r = 7，t = 8，x = 4。y 就只剩下最后一个数字：6。

64. 2010 年德国奥数题

这四个人写下的数字可能是 370，740 或者 814。

刚开始碰到这道题，大家似乎都会毫无头绪。而且，把所有可以想到的情况逐一审查，需要花费很多时间。但是，若我们仔细看这四个人的陈述，我们就可以将一些情况排除掉并快速向前进一步推理。我们先从阿格妮塔（Agneta）的陈述开始，她的陈述是 A1 和 A2：

A1：这是一个三位数。

A2：这个数的所有数字的乘积是 23。

A2 是假话，因为 23 是一个质数。如果这个数所有数字的乘积是 23，那么我们要找的数字就必须包含一个一位数：23。然而这是行不通的，因为在我们的十进制中只有 0 到 9 个数字。所以，A1 是真话——这是一个三位数。

我们继续看伯特（Bert）的话：

B1：这个数可以被 37 整除。

B2：这个数由三个相同的数字组成。

我们可以先检查他的第二句话是否为真话。也就是这个数是否由三个相同的数字组成。他的陈述与克拉拉（Clara）的陈述相符吗？

C1：这个数可以被 11 整除。

C2：最后一位数的数字是 0。

如果 B2 和 C2 同时都是真话，那么这个数就由三个零组成，显然是不可能的。换言之，如果 B2 和 C1 是真话，那么我们要找的数就是由三个相同的数字组成，同时还能被 11 整除。但是，我们可以很轻松地就检验出，这样的数并不存在。因为 110，220，330 等，都是 11 的倍数，然而 111，222，333 等，都不是 11 的倍数。

由此可得：B2 既不与 C1 相符，也不与 C2 相符，所以是假话。B1 是真话，我们要找一个可以被 37 整除的三位数。同时，这个数字还可以被 11 整除（C1）或者最后一位数的数字是 0（C2）。

在第一种情况下，可能是 $11\times37=407$ 或 $2\times11\times37=814$。在第二种情况下是 370 或者 740。

现在就差丹尼斯（Dennis）的陈述了：

D1：横加数比 10 大。

D2：百位数上的数字既不是最大的数字，也不是最小的数字。

如果 D1 是真话，D2 是假话，就只有 740 和 814 符合这些陈述。而这两个数字百位数上的数是三个数字中最大的那一个。

相反，若 D1 是假话，D2 是真话，就只有 370 符合。407

不是正确答案，因为 D1 和 D2 对这个数字而言都是真话，而根据题目描述，此种情况不存在。

总结：不止一个答案。纸上的数字可能是 370，也可能是 740 或 814。

65. 把数字倒过来

这道题没有答案！

要证明这一点并不是特别复杂。如果存在这样的一个数 n，它肯定不是一位数，更确切地说，它至少是两位数字。

我们仔细地来看 n 的左边第一个数字：这个数字必须为 1。因为，如果这个的数字是 2 或者更大的数，那么，它与 6 相乘的积就会比 n 的位数多一位。例如：$21 \times 6=126$。

原数 n 与乘积 $6 \times n$ 必须位数相同。只有这样，$6 \times n$ 才能与 n 顺序相反但字面数字相同。

因为两个数的数字顺序相反，如果数 n 由 1 开头，那么数 $6 \times n$ 就必须以 1 结尾。所以，$6 \times n$ 是一个以 1 结尾的奇数。

又因为 $6 \times n=2 \times 3 \times n$，包含因数 2，那么 $6 \times n$ 肯定也是一个偶数。一个数字同时既为奇数又为偶数，这当然不可能。因此，这道题没有解。

另外，这道题源自民主德国（东德）1961 年的第一次数学奥林匹克竞赛。此题针对 11 年级的中学生，属于数学竞赛四级中的第三级——区域级。

66. 数字魔法

前两个魔术师的说法是正确的，73 和 13 837 是因数。第三个魔术师的答案 83 是错误的。

我们任选一个两位数 a，并相继写下四遍，得到一个八位数。举例来说，如果 a 是 17，那么这个数字就是 17171717——换个更易读的写法 17 171 717。我们也可以将这个数写成四个数的和：

$$
\begin{aligned}
&17\\
+&1\,700\\
+&170\,000\\
+&17\,000\,000\\
=&17\,171\,717
\end{aligned}
$$

这四个加数项分别与 17 和 1，100，10 000 以及 1 000 000 的乘积相同。因此我们也可以写为：

$$17\ 171\ 717$$
$$= 1 \times 17 + 100 \times 17 + 10\ 000 \times 17 + 1\ 000\ 000 \times 17$$

这对两位数 a 也通用：

$$\text{八位数数字}$$
$$= 1 \times a + 100 \times a + 10\ 000 \times a + 1\ 000\ 000 \times a$$

当我们提取出 a，就会得到：

$$\text{八位数数字} = a \times (1 + 100 + 10\ 000 + 1\ 000\ 000)$$
$$\text{八位数数字} = a \times 1\ 010\ 101$$

我们得到了因数 1 010 101。如果这个数能被 73 整除，那么这个八位数就也能被 73 整除。实际上就是这种情况，因为 $1\ 010\ 101 = 73 \times 13\ 837$。这样，第二个因数我们也知道了。无论如何，第一个和第二个魔术师都是正确的。

但是，1 010 101 不能被 83 整除，所以第三个魔术师是错误的。

此外，想要找出 1 010 101 的所有因数，必须将其分解质因数。结果为：

$$1\ 010\ 101 = 73 \times 101 \times 137$$

101 × 137=13 837。1 010 101 另外的因数还有 101 × 73=7 373 和 73 × 137=10 001。魔术师也可以将这两个数字——还有质因数 101 和 137——说给愕然的观众。

67. 古怪的运算

答案是：22 + 11 = 116。

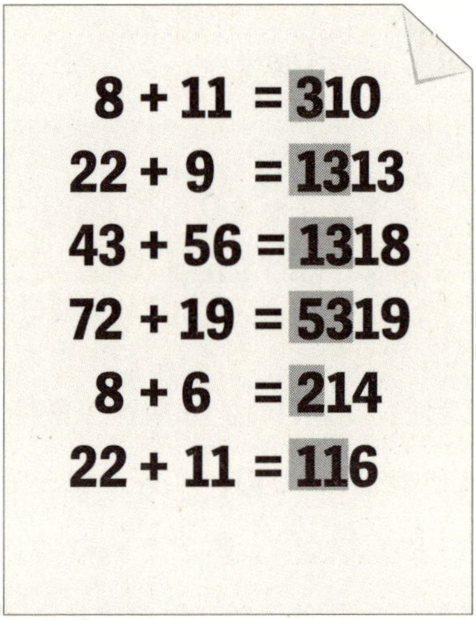

这是怎么得出的呢？仔细观察这些数字，你会发现，每一个“和”都由两部分组成。答案的第一个或者前两个数字（深色背景标出）正好是等式左边两个数的差。那么在 22 和 11 中，得出计算 22-11=11。

答案剩下的数字则由更为复杂的计算得出：它们是左边两个数的横加数之和。在 22 和 11 这两个数字中，也就是

（2+2）+（1+1）=6。最后我们得到答案 22+11=116。

不得不承认，这道题挺难的。

68. 混淆欧元和欧分

玛利亚的中奖金额是 31.63 欧元。由于出纳员的错误，玛利亚得到了 63.31 欧元。之后又送出去了 5 欧分，还剩下 63.26 欧元，正好就是所中奖金的两倍。

这道题有不同的解答方法，一些巧妙的尝试也能获得答案。谜题创造者马丁·加德纳就写出了一个特别巧妙的解答方法，这个答案还参考了他的读者的建议。

我们将奖金的欧元数额设为 x，欧分数额设为 y：

$2x$ 欧元 + $2y$ 欧分 = y 欧元 +（x − 5）欧分

这是一个含有两个变量的等式。尽管如此，我们也可以解开这个等式。因为这里面实际上还存在另外两个等式：一个带欧元数额的等式和一个带欧分数额的等式。

如果 y 比 50 小，那么欧元数额需满足：

$$2x = y$$

我们将这个等式带入欧分数额的等式中。

$$2y = x - 5$$

$$4x = x - 5$$

$$3x = -5$$

我们得到的 x 为负数，并且不是能够付款的整数，这自然行不通。因此 $y<50$ 就不是正确答案。

现在看第二种情况：$y\geq 50$。在这种情况下，$2y$ 对应的至少是 1 欧元。我们再看一下最上方的等式里的欧元数额，所以：

$$2x + 1 = y$$

我们将这个等式带入欧分的等式中，同时左边必须减去与 1 欧元等值的 100 欧分。

$$2y - 100 = x - 5$$

$$4x + 2 - 100 = x - 5$$

$$3x = 93$$

$$x = 31$$

我们得出 $y=63$。也就是说，原始的奖金数额是 31.63 欧元，但实际给了 63.31 欧元。

69. 剩下的钱给妹妹

6 欧元。

设 n 为一个手办的价格，同时也就是所有手办的数量。我们可以将 n 设为 $n=10a+b$。这里 a，b 为自然数，b 为一位数。我们立刻会发现，b 在这道题里起着决定性的作用。

两兄弟的总收入是 $n \times n=n^2$

$$n^2 =(10a+b)^2$$

$$n^2 = 100a^2 + 20ab + b^2$$

两兄弟分配钱的方式表明，n^2 除以 20 后所剩的余数在 10~20 之间。因为，只有这样才会有一个兄弟比另一个兄弟多拿 10 欧元，而且还剩下比 10 欧元少的余钱。又因为 $100a^2$ 和 $20ab$ 都能够被 20 整除，所以，单凭 b^2 就能决定除以 20 后余多少。

现在我们看一下，哪个一位数 b 能使其平方 b^2 在 n^2 除以 20 后的余数大于 10 且小于 20。$b=4$ 和 $b=6$ 都能满足条件，其他的一位数则不满足条件。而无论 $b=4$ 还是 $b=6$，在这两种情况下，n^2 除以 20 的余数都是 16。因此，妹妹能得到 6 欧元。

兄弟姐妹、轮盘赌、体育运动

排列组合题

特工盯人有多厉害？一场乒乓球比赛有多少个输者？本章的谜题与组合数学和概率计算有关。你认为你成功解题的概率有多大呢？

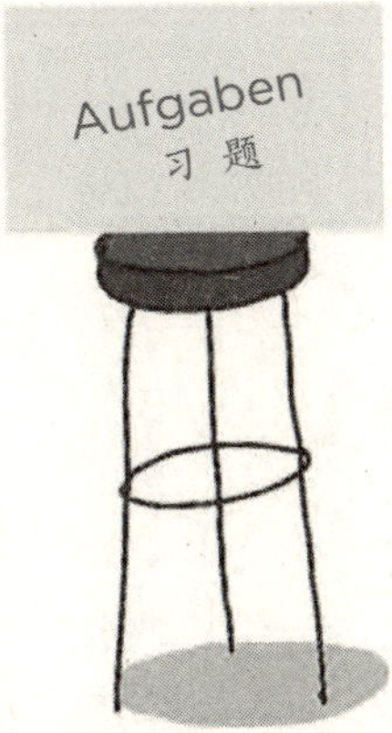

70. 寄宿家庭有多少个女孩

成长的过程中总会有一段时间，那个年纪的男孩和女孩都不喜欢和对方一起玩儿。克里斯蒂娜就是这样，她希望在英格兰的寄宿家庭里最好都是女孩子。但是，学生交流项目的组织者只能保证每个女孩分配到的寄宿家庭都正好有两个孩子，而其中一个是女孩。

克里斯蒂娜粗略地计算了一下，这对她意味着什么：如果出生的男孩与女孩的数量是一样多的，那么她认为她碰到两个女孩的概率大约是 $\frac{1}{2}$。

是这样的吗？如果不是，概率是多大呢？

71. 特工训练

特工培训时，这些未来的特工会在一个宽阔而又热闹的广场上做训练。已知特工的总数是奇数。他们在广场上分散开来，每两个特工之间的距离都不一样。每个特工都要盯住离自己最近的那个特工。

请你证明，至少有一个特工没有被监视。

另外，这道题是第 4 题——“只有一个暴徒活下来了，为什么”的变形题。

72. 世界上最大的乒乓球比赛

好的事物，如果没有人知道，就发挥不了任何作用。这一点，某个国家的大都会——“乒乓市”的市长也知道。这座城市拥有超过一百万的人口——然而除了这个国家之外，没有人能体会这座城市对乒乓球的热情，即使市长已经让这个地方改名为“乒乓市”了。

为了使“乒乓市”也能在国际上享有盛誉，这座城市想要举办一场世界最大的乒乓球比赛。正好有 1 111 111 个人参赛。

比赛模式如下：每位参赛者都会抽到一个对手。规则采用单局淘汰制。谁要是输了比赛，谁就会被淘汰。若比赛人数为奇数，则有一个参赛者不用比赛而直接进入下一轮。

问题：经过多少局比赛之后，才能决出冠军？

73. 进阶：俄罗斯轮盘赌

这道关于俄罗斯轮盘赌的题就令人毛骨悚然了。这是一个可能会致死的赌博游戏，它经常出现在电影中。这个游戏需要一把左轮手枪，手枪上的转轮通常可以放进 6 颗子弹。赌徒转动转轮，在不知道转轮会在哪个位置停下的情况下，举起左轮手枪对准头部，扣动扳机。

我当然不是让你玩这个游戏，而是要做一个思想实验。你设想一下，你落入了一个可恶的罪犯头目手中。他给你看了他的左轮手枪的转轮。你看到里面不是仅有 1 颗子弹，而是有 2 颗相邻的子弹，转轮里的另外 4 个弹仓是空的。

这个可恶的歹徒头领转动了转轮，然后对准一盏灯扣下了扳机。不过什么都没有发生，没有子弹射出来。接着，他将手枪对准你并问道："我是该马上扣动扳机呢，还是你更想要我再转动几圈转轮再开枪呢？"

你会如何回答？哪种情况下你活下来的概率更大？

74. 谁输了第二局比赛

三个小孩——亚历克斯、布里特、克里在进行一场乒乓球比赛。两个小孩对打，第三个小孩观赛。谁赢了一局比赛，谁就可以继续站在桌前打乒乓球。赢的人在下一局比赛里跟没有参加上一局比赛的小孩对打。相反，若是谁输了，就必须在下一场比赛中休息。

下午结束的时候，他们数了数自己打了多少局比赛。亚历克斯打了 10 局比赛，布里特打了 15 局比赛，克里打了 17 局比赛。

问题：谁输了第二局比赛？

75. 谁赢了跑步比赛

我们该如何跑一场比赛？你是喜欢全速前进，还是喜欢先节省体力，后半段路程再加快速度？跑步战术经常能决定胜利或失败，这道题里也是这样。

两个赛跑运动员在决赛相遇。奇特的是，这两个人跑得同样快：两个人无论是慢速跑还是快速跑，速度都一样。然而，对于这场比赛，他们各自都有自己的跑步战术：

赛跑运动员 1 会在前半段路慢慢跑，后半段路快速奔跑。

赛跑运动员 2 会在前一半时间里慢慢跑，后一半时间里快速奔跑。

问题：谁先到达终点？

76. 国际象棋比赛的输家

六位棋手相聚参加一场国际象棋比赛。每个人都会互相对战一次。如往常一样，平局：两名棋手各得半分。此外，赢者得 1 分，输者得 0 分。当这场比赛结束时，每位棋手的得分都不一样。

像这样一场比赛下来，最后一名最多可以得到多少分？请你证明你的观点，并给出一个比赛成绩表，表明最后一名确实达到了这个分数。

77. 彩票概率之争

上百万的人买彩票，他们都希望天大的幸运降临在自己身上。马克斯、扎比内和伯特也是这样的一群人。他们要从 49 个数字中选出 6 个数字，再加上一个超级数字。当他们三个人不仅选对了这 6 个数字，而且还选对了超级数字时，他们就会中头奖。超级数字有 0~9 共 10 个选项。

但迄今为止，他们都还没有中过奖。马克斯对此感到很生气。他还总是惊讶于他们至今从来都没有正确选择过超级数字。

“如果有从 49 个数字中选 7 个数字的彩票，难道不是更好吗？”马克斯问道，“我认为，那样的话，我们就会有更大的概率赢得头奖。当然，超级数字就不复存在了。”

扎比内反驳道：“49 选 7 的彩票比我们现在 49 选 6 再加上超级号码的彩票中头奖的概率更小。”

伯特摇摆不定：“我感觉，中头奖的概率一样大。”

谁是对的？

78. 生日悖论

2016 年 10 月 11 日例行举办了一场国际比赛。德国国家足球队以 2∶0 战胜了北爱尔兰。开场 13 分钟就进了第一个球，4 分钟之后又进了第二个球。随后，这支 2014 年的世界杯冠军队伍就泄气了，没有什么动力与激情了。令人激动的射门瞬间？没有！

然而，因为一个小小的巧合，从数学角度来说，这场比赛绝对很精彩。从一开始就站在球场上的22个球员里，有两个人是同一天生日。北爱尔兰的门将迈克尔·麦戈文（Michael McGovern）和中场球员沙恩·弗格森（Shane Ferguson）都是在7月12日出生。只不过不同年——前者1984年，后者1991年。

现在问题来了：这种情况经常出现吗？22个球员中至少有两个球员是同一天生日的概率是多大？

提示：对于生日，我们只考虑日期和月份，不考虑年份。另外，为了方便起见，我们认为，只有365个不同的生日日期，闰年的2月29日不作为生日日期出现。

79. 十个互不信任的强盗

小偷、黄金、钥匙和锁——这些内容常常出现在谜题里。在此，我想给你展示一道特别出色的相关题：

十个男人共同撬开了一个保险柜，然后将盗走的黄金藏匿在一个大箱子里。

这些强盗互相都不信任。因此，他们决定将箱子锁上，只有任意四个强盗共同出现才能将箱子打开。当少于四个强盗在场时，箱子就打不开。

需要在这个箱子上挂多少把不同的锁才能实现这一点？需要多少把钥匙?

提示：2 把锁显然太少了。因为，如果这样的话，随机选出的两个强盗若共同拥有这 2 把钥匙，他们两个人就能拿走所有黄金，而这种情况是不允许发生的。

80. 公平分配小苹果

一个储存仓库里有 20 箱苹果。每箱里都有至少 1 个但不多于 30 个的苹果。每个箱子里的苹果数量都不相同，也就是说：如果随机取出 2 箱苹果，苹果的数量无论如何都不会相同。

瑟桑和伯特两兄弟各自想要 4 箱苹果。请你证明，我们可以为他们每个人选出 4 箱苹果，让他们两个人始终能得到相同数量的苹果。

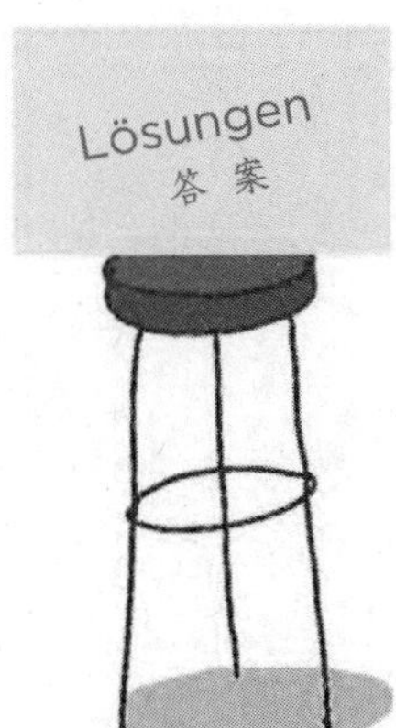
Lösungen
答案

70. 寄宿家庭有多少个女孩

克里斯蒂娜认为的概率是 $\frac{1}{2}$，这是错误的。实际上，概率应该是 $\frac{1}{3}$。

为了得到正确的答案，我们必须思考到底有多少个兄弟姐妹组合的可能性。M 代表女孩，J 代表男孩，那么两个孩子就有四种可能性：MM，MJ，JM，JJ。

因为组织者承诺，至少有一个女孩，那么最后一种情况（两个男孩）就被排除了。剩下的可能性就是：MM，MJ，JM。因此，克里斯蒂娜去到一个有两个女孩的家庭的概率为 $\frac{1}{3}$。寄宿家庭中有一个男孩的可能性为 $\frac{2}{3}$。

对于这种情况，我们也可以用抛掷两枚相同的硬币来做比较：硬币的一面印有 J（男孩），另一面印有 M（女孩）。J 和 M 的可能性各自都为 $\frac{1}{2}$。

当我们随机选择一对兄弟姐妹的时候，就像同时抛掷两枚硬币一样，有可能的组合也是 JJ，JM，MJ，MM。每一种情

况都有 $\frac{1}{4}$ 的概率。

但是，因为我们知道孩子中必须至少有一个是女孩，所以 JJ 这种情况被排除掉了。只剩 JM，MJ，MM 三种可能的情况，而三种情况的概率都相同。那么，克里斯蒂娜的愿望实现的概率就是 $\frac{1}{3}$。

71. 特工训练

有两个特工，他们之间的距离比其他特工之间的距离更短，这两个特工就会互相监视。如果还有另外一个特工在关注这两个特工中的一位，那么就会有一个人被两个人监视——这就肯定存在至少一个没有被他人监视的特工（由此就可以证明存在一个不被监视的特工）。

如果这两个相互距离最近的特工没有被其他人监视，那么就可以将这一对划掉，忽略不计。这样，特工的数量虽然减少了两个，但仍是奇数。

现在我们重复以上方法。数量为奇数的特工们站在广场上，存在一对距离最近的特工，他俩互相监视对方。要么其中一个人会被第三个特工监视（由此证明存在一个不被监视的特工）——要么我们可以将距离最近的两个特工从群体中划掉，忽略不计。

直到还剩下三个特工，其中两个人成为一对，他们互相监视。那么剩下的第三个人就肯定是没有被监视的特工。

因此，总是会有一个人，没有任何人盯着他。

72. 世界上最大的乒乓球比赛

当然，我们可以计算每一轮的比赛总局数。第一轮里有 555 555 局比赛，有一个参赛者不用比赛直接晋级；第二轮还剩 555 556 个参赛者，需要 277 778 局比赛；再下一轮有 138 889 局比赛；以此类推。最终你可以得到答案。但是，这个解答过程太费心劳力了，还容易算错。幸运的是，还有一个巧妙的解答方式，完全不需要费时费力地计算，你只需要关注被淘汰的人即可。有 1 111 111 个参赛者，到比赛结束，就会有 1 111 110 个人输掉了一局比赛。由于每局比赛都有一个输家被淘汰：

因此，在这场大型比赛中，进行了 1 111 110 局比赛。

73. 进阶：俄罗斯轮盘赌

不要将转轮再一次转动更好。

我们要计算的是枪管后有一颗子弹的概率。可以先从较简单的第二种情况开始：歹徒头目在第二次扣下扳机之前又转了一次转轮，那么，被射击中的概率就是 $\frac{1}{3}$，因为 6 个弹仓里有 2 颗子弹。

如果在第二次开枪之前没有转动转轮，那就是另外一种计算方式。因为第一枪没有子弹射出，那么在第一次开枪前，枪管后面的是4个空弹仓中的一个。在左图中，这些空弹仓被涂成了黑色。

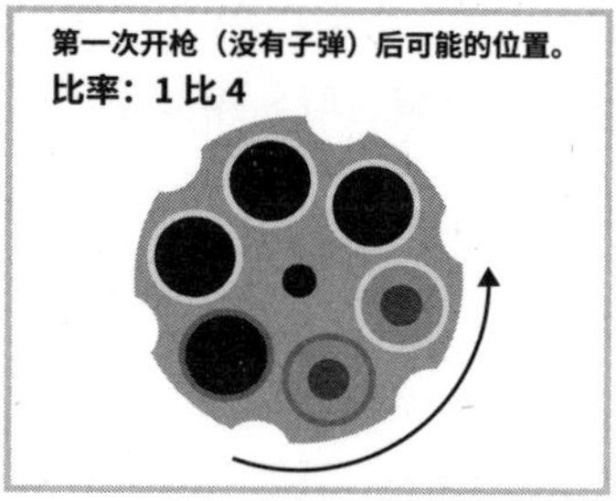

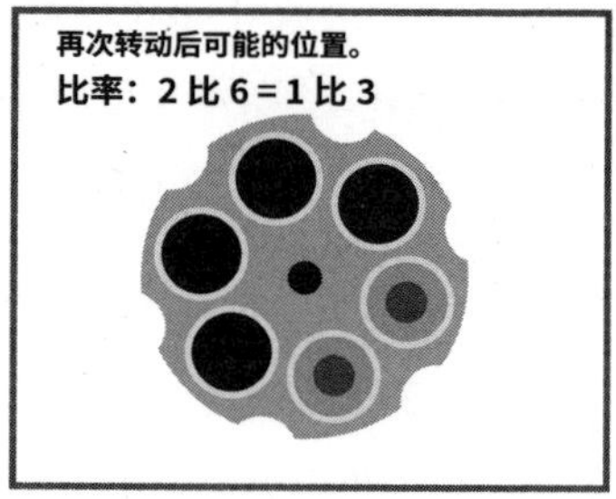

开枪之后，转轮转动了六分之一圈。我们假设，转轮向逆时针方向转动。不过也可以顺时针方向转动，最后的结果并不会因此而改变。

会发生什么呢？4个需要考虑到的弹仓用浅色圆圈表示出来了（左图）。4个弹仓中的3个相继为空弹仓，不过还有一个弹仓里有一颗子弹。也就是说，左图射出一颗子弹的概率是$\frac{1}{4}$，而另一种情况（右图）的概率是$\frac{1}{3}$。因此，对歹徒头目说出的正确回答是：他应该立刻再开一枪。因为接下来是空弹仓的可能性更大。

74. 谁输了第二局比赛

亚历克斯是第二局比赛的输家。

乍一看这道题似乎无法解答。你可能会想出相当多的组合并逐个审查。然而，若我们更仔细地思考这件事，你很快就会发现，解题一点儿都不复杂。

首先，我们要对这场小小的比赛做个全面的了解。亚历克斯打了 10 局，布里特打了 15 局，克里打了 17 局。那么总共就是 10+15+17=42 局比赛。因为每局比赛都有两个人参加，那么实际上就只有 42÷2=21 局比赛。

由于特别的比赛模式，一个选手最多每隔一场就休息，也就是当他每场参与的比赛都输掉的时候。在休息过后，他又可以参加比赛。

根据题目，虽然总共有 21 局比赛，但亚历克斯只打了 10 局比赛。这只有他在第一局比赛没参加的情况下才有可能。

因为，假如亚历克斯参加了第一局比赛，并且在之后，他输掉了所有的比赛，那么他就参加了第 1，3，5，7，9，11，13，15，17，19，21 局比赛。总共是 11 局比赛，多出了一局！

因此，布里特和克里参加了第一局比赛。亚历克斯一定是在第二场比赛中对战第一场比赛的赢家。他还输掉了这一局和剩下所有的 9 局比赛。所以，亚历克斯没有赢得第二局比赛，否则他还是会参加 11 局比赛（2，3，5，7，9，11，13，15，17，19，21）。

亚历克斯参加的是第 2，4，6，8，10，12，14，16，18，20 场比赛，并且都输掉了。

75. 谁赢了跑步比赛

赛跑运动员 2 赢了。

两个赛跑运动员刚开始都是慢慢跑，不分高下。然而在到达路程的中点之前，赛跑运动员 2 加速了。因为他慢速跑步的时间与快速跑步的时间相同，这只有当快速跑步的路程比慢速跑步的路程长的时候才行得通。因此，赛跑运动员 1 在整个前半段路程里都保持慢速，就会输掉决赛。

帕特里克·魏德哈斯（Patrick Weidhaas）建议我出这道谜题。他在《大观》（*Parade*）杂志上的玛丽莲·沃斯·莎凡特（Marilyn vos Savant）的文章中发现了这道题。作者玛丽莲的超高智商曾创下吉尼斯世界纪录。

76. 国际象棋比赛的输家

总共有 15 分，平均每位棋手可得 2.5 分。最少的分数不会是 1.5 分。因为每个排名较靠前的棋手至少要比后面一位的棋手高半分，这样的话，总分数就太高了。我们按照上升的分数来排列各个棋手：

1.5—2—2.5—3—3.5—4：总和为 16.5。但实际只有 15 分。

不过，如果从 1 分开始就可行了。可行的答案是：

1 — 1.5 — 2 — 2.5 — 3 — 5

下面是与此相关的比赛表格，分别标出了每次交锋的胜利者。R 代表平局。

	123456	得分
1	X11111	5
2	1X2226	3
3	12X3R3	2.5
4	123X44	2
5	12R4X5	1.5
6	16345X	1

77. 彩票概率之争

乍一看似乎扎比内是正确的。49 选 6 的彩票，我们要从 1~49 个数字中选择 6 个数字，然后再从 0~9 中选择一个数字作为超级号码。49 选 7，本身同样也是选出 6 个数字，再选出一个数字作为第 7 个数字。第二种彩票不像选择超级号码那样只有 10 个选项，而是有 49-6=43 个选项。更多的选项意味着中头奖的概率更低。

然而这种想法是不对的。事实上，马克斯才是正确的。49 选 7 的中奖机会会更大。下面我们通过计算两种彩票不同的组合数量来证实这一点。

49 选 6，选第一个球时有 49 种可能性，选第二个球时有 48 种可能性，选第三个球时有 47 种可能，以此类推。因此，我们在选球时，总共有 $49\times48\times47\times46\times45\times44$ 种不同的可能性。用这种计算方式，同样的数字，但是不同的顺序，也被视为不同的可能性——这就是排列。

所以，还需要将 $49\times48\times47\times46\times45\times44$ 的乘积再除以 $1\times2\times3\times4\times5\times6$，这样我们就会得到不含排列的组合数——最终的结果是 13 983 816。选择超级号码有 10 种不同的可能性，那么总共就有 13 983 816×10=139 838 160 种组合。像这样选出某一个数字的概率就是 $\frac{1}{139\ 838\ 160}$。

类似的，计算 49 选 7 的组合数是：

$$\frac{49\times48\times47\times46\times45\times44\times43}{1\times2\times3\times4\times5\times6\times7}$$

结果是 85 900 584，比 49 选 6 再加一个超级号码的约 1.4 亿种组合数小。

因此，49 选 7 中奖概率会更大一些——马克斯正确。

78. 生日悖论

这件事看起来没那么简单。因为，为了计算出概率，我们必须要考虑到所有可能想到的情形组合。

一方面，有两个球员恰好同一天生日，但另一方面也有可能还有第三个球员的生日处于同一天。或者有两对球员，两两成对生日相同，但这一对与另一对的生日不相同。还有一种情况，虽然不太可能发生，但也不能被排除——所有 22 个球员都在同一天过生日。将所有这些情况逐一审视，几乎是不可能的。但是，有一个在概率计算中经常出现的窍门可以利用。我们直接计算相反概率就好了——也就是所有 22 个球员都不在同一天过生日。我们从百分之一百中减掉这个相反概率，就得到了我们要的概率。

计算公式并没有太难。不过为了避免错误，我们最好在电子表格里计算。

我们将这些球员从 1~22 编号，然后从第 1 号球员开始。他可以在一年当中的 365 天任选一天作为生日。第 2 号球员就只剩 364 天——他不能与第一个球员的生日相同。那么，两个生日不相同的概率就是 $\frac{364}{365}$。

继续计算：第 3 号球员只有 363 个可能的日子。所以三个球员生日都不相同的概率是 $\frac{364}{365} \times \frac{363}{365}$。

以此类推，第 4 号球员就有 362 个可能的日期。最后，第 22 号球员就只剩下 365-21=344 天可以作为生日，才能不与其他 21 位球员的生日重复。

因此，所有 22 个球员的生日都不相同的概率 p 为：

$$p = \frac{364}{365} \times \frac{363}{365} \times \frac{362}{365} \times \cdots \times \frac{344}{365}$$

$$p = 52.4\%$$

这就意味着，在 22 个球员中，有两个人生日相同的概率为 47.6%。就这一点来说，德国对北爱尔兰的这场比赛，两人生日相同在数学上并不是罕见的事。相反，生日相同其实是相当常见的事情，大概每两场比赛就有一场比赛会出现。

如果还有裁判员，也就是 23 个人在球场上，那么至少两个人生日相同的概率会提高至多于百分之五十。

令人惊讶的是，这个概率如此之大。所以，这种现象也被称为生日悖论。许多人都凭直觉认为生日相同的概率会很小。

79. 十个互不信任的强盗

需要 120 把不同的锁，每把锁配有 7 把钥匙，也就是总共 840 把钥匙。

根据题目，三个随机选择的强盗无法将箱子打开。当箱子只有一把锁，而这三个强盗又都没有配这把锁的钥匙时，箱子才会无法打开。但是，其他七个不在场的强盗都必须有这把锁的钥匙。这样，如果这七个强盗之一加入到那三个强盗中去，他们就能够将这把锁打开了。

因此，我们需要为由三个强盗组成的每种可能的组合都配一把额外的锁和开这把锁的 7 把钥匙，并且把这 7 把钥匙分配给那七个不在现场的强盗。

现在就是组合数学起作用了：从十个强盗中选出三个强盗，有多少种可能性？这个数字正好对应的就是所需锁的数量。

10 选 3 的答案 = 10！÷（3！× 7！）= 120，这种解答形式也被称为二项式系数。

我们也可以将这个数目直接计算出来。我们将这十个强盗标记为 1，2，3，…，9，10。从 1~10 的范围中选出三个自然数，就有 10 × 9 × 8=720 种可能性。但是这种选法还包含着排列。例如 2，5，7 和 5，2，7，它们被视为不同的变形。

这样当然不行。因此，我们要将 720 除以三个数字有可能的排列数量，得到 720÷（3 × 2）=120。

120 把锁，每把锁还需要 7 把钥匙。即总共需要 7 × 120=840 把钥匙。十个强盗，每个强盗得到 84 把钥匙。

这个数量太多了，并且一个箱子配有 120 把挂锁似乎也不太现实。但是，若这些强盗相互之间还是这么不信任的话，他们似乎也没有其他的选择。

80. 公平分配小苹果

随机选择 2 箱苹果的数量最少是 3 个（1+2），最多是 59

个（29+30）。而当 2 箱苹果的总数是 31 个的时候，就会存在 15 对不同的组合可能。在这些组合里，从 1~30 个，每一箱的苹果数量都会出现一次：

30 + 1，29 + 2，28 + 3，27 + 4，26 + 5，25 + 6，24 + 7，23 + 8，22 + 9，21 + 10，20 + 11，19 + 12，18 + 13，17 + 14，16 + 15

但上面所有的 30 种苹果数量并不会都出现，因为仓库里只有 20 箱苹果。所以，要划去 10 种苹果数量。那么，从 15 对组合里最多能划去 10 对组合，至少还剩下 5 对不同的组合。而 4 对这样的箱子就可以解答这道谜题。

因此，瑟桑和伯特每个人都能分到 2 对组合，每个人都能拿到 62 个苹果。

渡轮、楼梯、桥梁

动态谜题

这一章的所有内容都是关于自行车、汽车、电动扶梯、划艇、渡轮和地铁的。这些题可能看起来简单，实际上却有些难度！

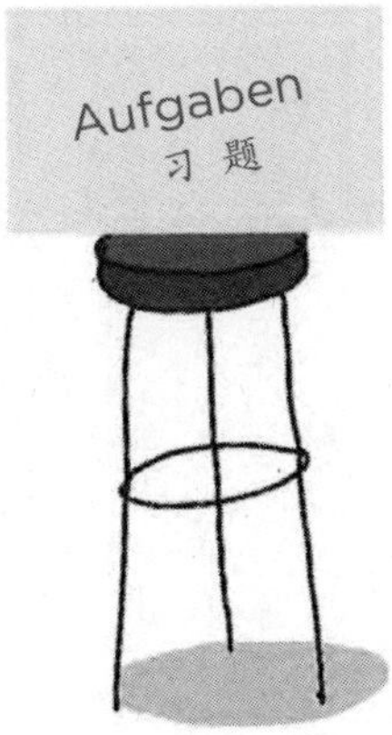

81. 别样的狭路相逢

一个骑自行车的人匀速通过一座 100 米长的桥。当他骑到桥上 40 米的时候，遇到了从对面骑过来的另一个自行车骑手，这个骑手与他的速度相同。

一辆汽车从与第一个骑手相同的方向，以 70 千米 / 小时的速度过桥。当第二个骑自行车的人刚好离开这座桥的时候，汽车遇见了他，又刚好在另一端桥尾之时，汽车超过了第一个骑自行车的人。

骑自行车的人的速度是多少？

82. 还能赶得上渡轮吗

一位汽车司机想要和他的家人一同去北海的岛上度假。几个月之前他就订好了渡轮的船票。如果出发时，他以平均 120 千米 / 小时的速度行驶，正好可以赶到渡轮码头。然而不幸的事还是来了：由于多处道路施工和堵车，前一半路程他只能以平均 80 千米 / 小时的速度行驶。

他要在后半段路上（平均）开多快才能准时到达，不错过渡轮呢?

提示：我们不知道汽车司机从哪里出发，但这个信息对解答这道题来说也不是必要条件。

83. 电动扶梯有多少级

有一台向上运行的电动扶梯，你从下往上跑去，跑了 60 级台阶后到达上面。然后你转过身来，跑向另一台同样向上运行的电动扶梯，开始向下跑。跑过90级台阶后，你到达了下面。不管你是上楼还是下楼，你相对于扶梯的奔跑速度是相同的。

问题：当电动扶梯停住的时候，你从下往上走，需要走多少级台阶?

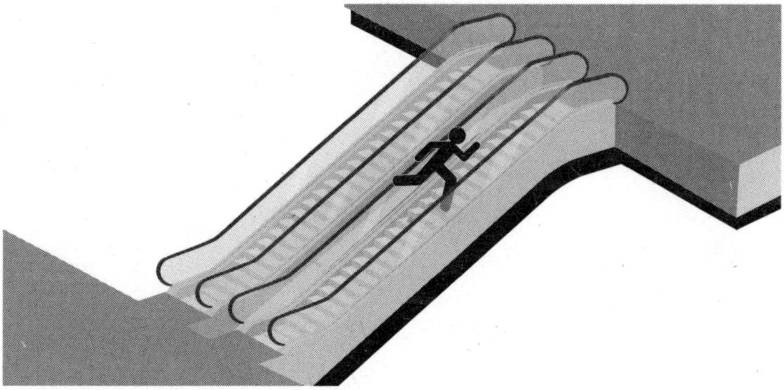

84. 划船时帽子掉了

在一条河里，有两个男人划着一艘小船。他们已经费力地逆流而上了 1 千米。这时，其中一人的帽子突然掉进了水中，被水流冲走了。这两个人又继续逆流划行了 5 分钟才掉头，顺流而下，去追赶那顶早已不见踪影的帽子。这两个男人非常努力：他们用与逆流而上时相同的频率和力气划桨。

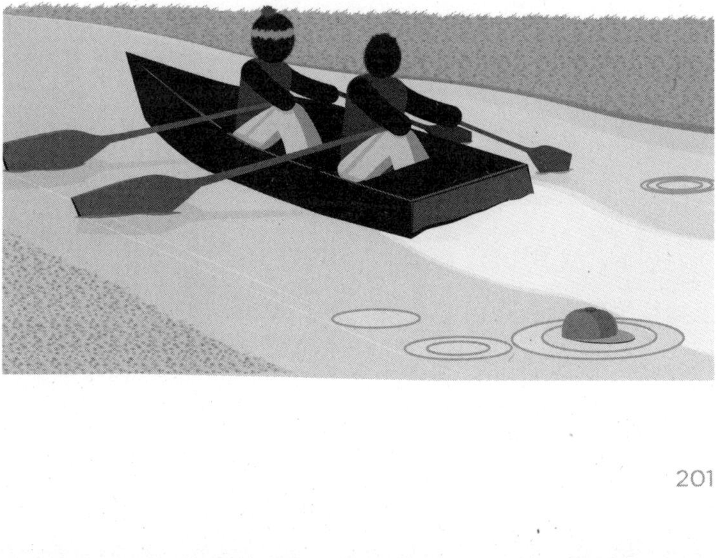

正好又过了 5 分钟，他们追上了这顶帽子，并将它从水里捞了起来。神奇的是，捞到帽子的这个地方，正好就是他们开始划船的地方。

现在的问题是：这条河的水流速度是多少？

提示：我们假设，水流速度和划艇的速度相对于静止的水来说都是匀速的，并且空气阻力和划艇掉头所需的短暂时间忽略不计。

85. 起风了

有位女士每天都会骑自行车进行训练。她通常向东骑行 15 千米后即返回。有一天，路上吹起了匀速的强烈西风。于是她去程正好花费了 30 分钟。回程路上，狂风吹着她的脸，这段路她花了 40 分钟。

请问无风的时候，这位女士骑完 15 千米的距离，通常需要花多少分钟？

提示：我们认为，不管风从哪边吹还是完全静止，这位女士始终使用相同的力量。除此之外，为方便起见，我们假设顺风与逆风对她速度的提高或降低的程度相同。

86. 城市环行公路

好的道路实在是太少了！我们总是能从汽车司机、货车司机或商会代表的口中听到这样的抱怨。下面这道谜题就关于明显只建设好一部分的快速公路网。

六个城市正在共同建设一个快速公路网。已知的是，每座城市都可以通过一条快速公路跟至少三座其他的城市直接相连。

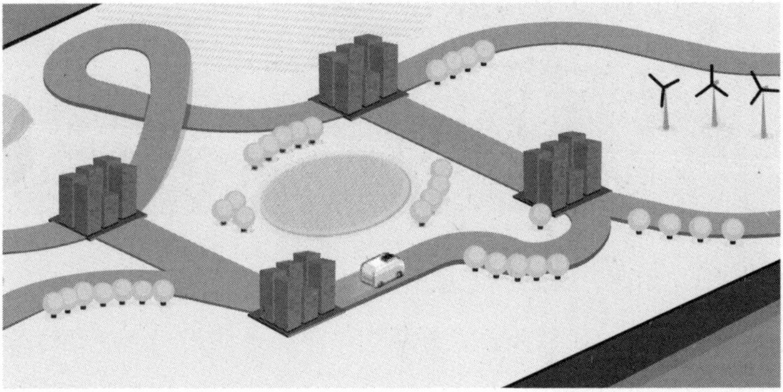

请你证明，始终存在一条快速公路环形路线可以通过这六个城市中的四个城市。

提示：我们将这六个城市称为 A，B，C，D，E，F。例如，如果要环行 A，B，C，D 四个城市，就要从 A 出发，再开向 B，接着向 C，再到 D，最后返回 A。所有四条线路都是直接相连的。

87. 复古巴士大聚会

如往年一样，复古巴士爱好者们商定好一起出游。从城市边缘的停车场开到不远处的一座宫殿，然后在宫殿旁举行一场大型野餐。

刚开始时，每辆巴士里的人都一样多。行驶了 1 千米后，有 10 辆巴士出了故障，只好靠边停下。这些巴士上的乘客就分散到那些还可以继续行驶的复古巴士上。每辆车都正好接收了 1 个人。

到达宫殿后，所有人下车野餐。野餐后，另有 15 辆巴士也无法启动了，不得不留在原地。这些巴士里的人再次被分散到剩下的巴士里。我们看到：回程路上，每辆剩下的复古巴士里坐着的人数比出发时正好多了 3 个人。

问题：有多少人参与了此次出游？

88. 卡萨诺瓦不相信随机

情感和数学似乎没有太多共同之处。然而卡萨诺瓦——下面这道谜题的主人公，就有一种感觉，这两者之间是有联系的。

他有两个朋友，但他无法确定他更想去找哪一个朋友。于是他就让随机选择来帮他决定一切。

卡萨诺瓦始终只去同一个地铁站，那里不是终点站，并且只有一条地铁线路。但是，他的两个朋友住在地铁线上相反的两端。于是卡萨诺瓦就决定乘坐先到的那班地铁。

两条相反方向的地铁都每 10 分钟一趟。不过，两个月之后他发现，有一个朋友那里他去了 24 次，而另一个朋友那儿他只去了 6 次。

这是为什么呢?

89. 扶梯上的赛跑

有一个男人正在逃亡。他想要尽可能不引人注目，所以很少四下张望。他踏上了一个向上运行的电动扶梯，为了迅速前行，他在扶梯上也在向上行走。这个男人并不知道，有人正在密切追踪他。

当这个男人正好处于电动扶梯的中间位置时，有一个女人也踏上了电动扶梯并向上跑。她恰好在扶梯的终点抓到了对这一切毫无所知的男人。她跑了 24 级台阶，这个男人一共走了 12 级台阶。

当电动扶梯停住的时候，有多少级可见的台阶？

提示：我们假设，电动扶梯和这两个人都是匀速运动。

90. 环球飞行接力

有一支飞机队驻扎在一座小岛上。所有的飞机型号相同，飞行速度也相同。每次加满油，每架飞机正好可以绕地球飞行半圈。

幸运的是，每架飞机在空中还可以随时给另一架飞机加油。飞机燃料是充足的，但只有在岛上才有。

请问，至少需要投入多少架飞机才能让一架飞机环绕地球一圈，且所有飞机最后都必须飞回岛上？

提示：为方便起见，我们假设在地面和在空中加油是瞬间完成的，还有起飞、降落和掉头等动作都不耗费时间。

91. 神秘的渡轮

渡轮能承载人渡过水域。不过下面这道题里的两艘渡轮可能会将你渡入绝望的边缘。

两艘渡轮从一条河的左右两岸同时出发。左边出发的渡轮比右边出发的渡轮速度慢，因此，这两艘渡轮在距离河左岸 400 米远的地方相遇了。

然后，两艘渡轮各自到达对岸，停留 5 分钟的时间供人上下船。在返程路上，两艘渡轮在离右岸 200 米的地方第二次相遇。

问题：这条河有多宽？

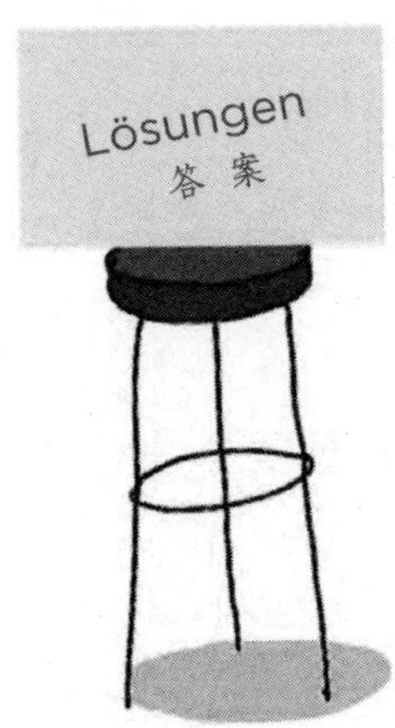
Lösungen
答案

81. 别样的狭路相逢

骑自行车的人的速度是 14 千米 / 小时。

当汽车刚开上桥的时候，它在第一个骑自行车的人后面 80 米。第一个骑自行车的人最后 20 米到达桥尾所需要的时间与汽车开过总共 100 米长度的时间相同。那么，第一个骑自行车的人的速度就是 70 千米 / 小时的 $\frac{1}{5}$，也就是 14 千米 / 小时。

82. 还能赶得上渡轮吗

这位司机必须平均开到令人难以置信的 240 千米 / 小时。

在前半段的路程里，汽车在路上的速度不是 120 千米 / 小时，而是 80 千米 / 小时。因此花费了比原计划多 50% 的时间（这辆车以 80 千米 / 小时的速度开过 120 千米需要 1.5 小时）。所以，后半段路就必须节省出这 50% 的时间。

汽车必须用一半的时间来完成后半段路，那么目标速度就是原计划速度120千米/小时的两倍。

这家人很可能来不及坐上渡轮。因为240千米/小时作为平均速度，显然高得不合理了。

另外：许多人认为，160千米/小时才是正确答案。产生这个答案的原因可能是人们想当然地以行驶时间而不是以行驶路程来计算。司机要是在原计划时间的一半之后才发现，他不是以120千米/小时的速度行驶，而是以80千米/小时的速度行驶的话，那他在后一半时间里以160千米/小时的速度行驶，事实上是可以准时到达的。但是在这道题里，我们说的是路程的一半。

简单的计算（先少40，后多40）是行不通的。以下思考也表明了这一点：在开向渡口的路上，如果汽车司机在前半段路程里平均速度只有60千米/小时，那么总的原计划行驶时间就全部用完了，因为一半的速度意味着两倍的时间。

83. 电动扶梯有多少级

答案不像有些人想的那样是75级，而是72级。

当你上楼时，要将自己跑过的台阶和电动扶梯在此期间向上运行的那些台阶数量相加。下楼则相反：你必须从自己向下跑过的台阶里减去那些在此期间向上运行的台阶。

我们假设，电动扶梯在你跑完一级台阶所需要的时间里向上卷起了 s 级台阶（s 不一定是整数）。由此得出以下两个等式，第一个等式是上楼，第二个等式是下楼：

$$总级数 = 60 + 60 \times s$$
$$总级数 = 90 - 90 \times s$$

我们将第一个等式代入第二个等式中得到：

$$60 + 60 \times s = 90 - 90 \times s$$

由此得出：

$$150 \times s = 30$$
$$s = \frac{1}{5}$$

我们再将 s 的值代入上面两个公式中的一个，就得到总级数为 72。

84. 划船时帽子掉了

水流速度为 6 千米 / 小时。

许多读者给我指出了一个非常巧妙的解答方法。帽子从已划过的 1 千米路程顺流回到原地，花了 10 分钟。那么水流速度就是一个小时 6 千米。

我们也可以仔细观察已完成的路段，用烦琐而经典的方式来解答这道题。当这两个男人划船 5 分钟时，他们顺流比逆流正好多划了 1 千米。

我们设水流速度为 f，划船速度为 r。

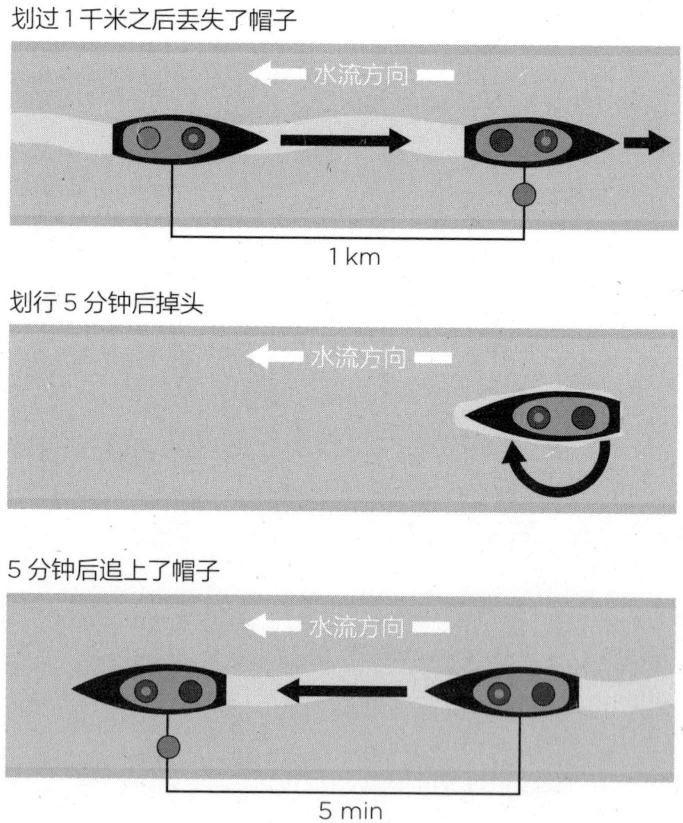

顺流而下时，有效速度为 r 和 f 相加：$r+f$。逆流而上时，小船相对于河岸的速度是 $r-f$。划过的路程等于速度与时间的乘积。那么就有以下等式：

$$1\text{km} + (r - f) \times 5\text{min} = (r + f) \times 5\text{min}$$

我们可以将两边的 $r \times 5\text{min}$ 消去，这样 r 就从等式中被剔除了，就只剩下 f 一个未知量。

$$1\text{km} - f \times 5\text{min} = f \times 5\text{min}$$

我们再将 $f \times 5\text{min}$ 移到右边：

$$1\text{km} = f \times 10\text{min}$$

最后得到：

$$f = \frac{1}{10}\text{km/min}$$

速度单位为千米每分钟不太常见，因此我们将它换算为千米每小时：一个小时有 60 分钟，因此与水流速度 $\frac{1}{10}$ km/min 相对应的速度正好就是 6km/h。

85. 起风了

有的人可能会以为所需时间正好就是两段时间的中间值，即 35 分钟。但这是错误的，正确的答案是 34 分 17 秒。

我们首先要计算出无风时这位女士骑自行车的速度。对此，我们需要求出往返程的速度中间值。速度等于路程除以时间。

去程速度：$\frac{15\text{km}}{30\text{min}} = 30\text{km/h}$

回程速度：$\frac{15\text{km}}{40\text{min}} = 22.5\text{km/h}$

速度中间值：$\frac{30 + 22.5}{2}\text{km/h} = 26.25\text{km/h}$

速度为 26.25km/h 时，这位女士通过 15 千米的路程需要 $\frac{15}{26.25}$ 小时，也就是 34 分 17 秒。

86. 城市环行公路

我们必须区分两种情况：

1）如果每个城市都有一条快速公路与其他所有城市相连接，那么，任选四个城市进行环游随时都是可能的。这种情况也符合题目条件。

2）如果不是每个城市都与其他所有城市相连接，那么无论如何都存在有两个城市之间没有直接相连的快速公路。我们下面会证明，这两个城市——我们称之为 A 和 B——也是经过四个城市的环行路线的一部分。

如图，A 至少与三个其他的城市连接。B 不属于其中，因为 A 和 B 之间不存在直接相连的快速公路。这三座与 A 相连的城市是 C，D，E。B 也至少与三座城市连接，但 A 并不属于其中。

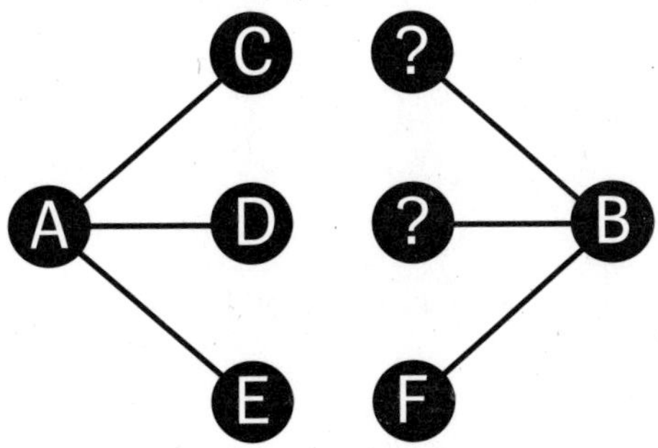

总共有六个城市（A，B，C，D，E，F）。B 可能与 F 相连，也一定与三个城市 C，D，E 中的至少两个城市相连。因为只有这样，才有至少三条从 B 开始的快速公路。

当 B 与两个城市相连，而这两个城市同时也与 A 直接连接时，这就是我们要找的环行路线了。

我们假设，以 B 结尾的快速公路连通 C 和 D。那么就有以下环行路线通过这四座城市：从 A 开始，然后到 C，再到 B，接着再到 D，最后回到 A——见下图。

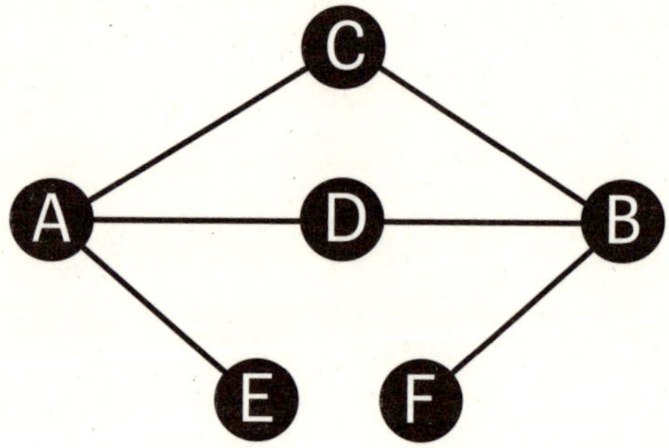

以上我们证明了，一个像这样的环形路线始终存在。

87. 复古巴士大聚会

有 900 个人分散到了 100 辆巴士中。

我们将巴士的总数量设为 b，出发时每辆巴士里的乘客人数设为 p。那么，一共就有 $b \times p$ 个人参与了复古巴士聚会。

在去程路上，少了 10 辆巴士（b-10），而剩下的每辆巴士里多了一位乘客（p+1），在 b-10 辆车里坐的乘客数量跟出发时的乘客数量 $b \times p$ 相同。那么就有：

$$b \times p = (b - 10) \times (p + 1)$$

$$b \times p = b \times p - 10p + b - 10$$

当我们将 b 移到一边，就得到：

$$b = 10p + 10$$

$$b = 10(p + 1)$$

在回程路上，b-25 辆车里每辆车坐了 p+3 个人，总人数也与出发时的人数相同，即：

$$b \times p = (b - 25) \times (p + 3)$$

$$b \times p = b \times p + 3b - 25p - 75$$

我们再将 b 移到一边：

$$3b = 25p + 75$$

同时又有上面得出的 b=10(p+1)，我们将之代入这个等式，就得到：

$$30p + 30 = 25p + 75$$

$$5p = 45$$

$$p = 9$$

也就是出发时，每辆车里都坐着 9 个人。再用 b=10（p+1）

的等式就能很快算出巴士的数量。答案是 100。

所以，有 100×9=900 个人参加聚会。出发时，在这 100 辆车里每辆车里都坐了 9 个人。

88. 卡萨诺瓦不相信随机

两条相反方向的地铁都是每 10 分钟一趟。关键的问题是，两条相反方向地铁的发车间隔时间是多少。当发车间隔是 5 分钟的时候，卡萨诺瓦到两位朋友那里的概率相同。在这种情况下，如果有一个方向的地铁在 00，10，20，30，40，50 分时出发，那么另一个方向的地铁出发时间就是在 05，15，25，35，45，55 分。

但是，在我们的题目里，两班地铁的发车间隔较短，因此概率就不相同。地铁 A 首先驶出，2 分钟之后地铁 B 开往相反的方向。A 的出发时间如果是 00，10，20，30，40，50 分，那么相应地，B 的出发时间就是 02，12，22，32，42，52 分。

于是，当卡萨诺瓦到达站台的时候，他随机赶上地铁 A 的概率是 $\frac{8}{10}$，而赶上地铁 B 的概率是 $\frac{2}{10}$。因此平均下来，他在其中一个朋友家里的概率是另一个朋友的 4 倍。

89. 扶梯上的赛跑

有 36 级台阶。

这个男人走了 12 级台阶，同时电动扶梯也在运行。他在扶梯上的路程，一部分是男人跑过的路程，另一部分是他乘坐扶梯的路程。我们设 a 为男人乘坐扶梯上升的台阶总数，而不是跑过的台阶数。那么，我们要求的总台阶数就是 $a+12$。

对于女人来说：她跑了 24 级台阶，乘坐了只有这个男人一半长的电动扶梯路程。因此，她乘坐扶梯上升了 $\frac{a}{2}$ 级台阶。所以，她总共的台阶数就是 $24+\frac{a}{2}$。

这两个需要被计算出来的总级数相等，因为他们乘坐的是同一个电梯：

$$a + 12 = 24 + \frac{a}{2}$$

由此得出 $\frac{a}{2}=12$，$a=24$。我们再将这个结果代入总台阶数 $a+12$ 里，就得到 $24+12=36$ 级台阶。

90. 环地飞行接力

三架飞机就行。

两架飞机肯定太少了。如果两架飞机同时起飞，当它们 $\frac{1}{3}$ 的燃料没有的时候，其中一架飞机将其 $\frac{1}{3}$ 的燃料转给第二架飞机后返航。此时，这两架飞机环绕了地球 $\frac{1}{6}$ 圈。在空中被加油的飞机就会飞完 $\frac{1}{6}+\frac{1}{2}=\frac{2}{3}$ 圈地球。之后，它的燃料就用完了，而小岛上的飞机又不能给它提供汽油，因为离小岛的距离（$\frac{1}{3}$ 圈地球）太远。

三架飞机就可以实现环绕地球。诀窍是，两架提供燃料的飞机在空中加油之后回岛添加燃料，再次起飞去迎接相反方向而来的、环绕地球的那架飞机。

飞行计划如下：A，B，C 三架飞机同时起飞。环绕 $\frac{1}{8}$ 圈地球之后，C 分别给 A 和 B 添加 $\frac{1}{4}$ 的燃料并返航。此时，C 还剩下 $\frac{1}{4}$ 的燃料，肯定能回到岛上。而 A 和 B 的燃料被添满了。

A 和 B 再飞行 $\frac{1}{8}$ 圈地球后，它们的燃料剩下 $\frac{3}{4}$。B 给 A 添加其 $\frac{1}{4}$ 的燃料并返航。B 还剩一半的燃料，肯定能回到岛上。A 的燃料又满了。

A 继续飞行，直到燃料用完。这时，离小岛的距离只剩下 $\frac{1}{4}$ 圈地球，A 遇到了迎面而来的飞机 B。这架飞机在飞行 $\frac{1}{4}$ 圈之后还剩一半的燃料。B 再将剩余燃料的一半给 A，两架飞机就都有了 $\frac{1}{4}$ 的燃料，它们同朝小岛飞回。

继续飞了 $\frac{1}{8}$ 圈地球后，它们的燃料又用完了。但是还有一架朝它们飞来的飞机 C，分别提供给它们 $\frac{1}{4}$ 的燃料。所有三架飞机正好都有了 $\frac{1}{4}$ 的燃料，也是回到小岛所需要的量。

91. 神秘的渡轮

这条河的宽度为1000米。

因为两艘渡轮都有5分钟的靠岸时间，所以可以将这段泊岸时间忽略掉，默认为它们到岸之后就立刻返回。

两艘渡轮第一次相遇的时候，它们共同经过的路程是这一条河的河宽，第二次相遇时所经总路程是三倍河宽。

因为这两艘渡轮都是匀速行驶，那么，较慢的那艘渡轮从第一次起航到第二次相遇所经过的总路程正好是从起航到第一次相遇的路程（正好400米长）的三倍。因此，慢船经过的总路程就是3×400=1 200米。除此之外，我们还知晓，在第二次相遇的时刻，慢船行驶过的路程为一条河的河宽再加上200米。因此这条河就是1 200-200=1 000米宽。

硬币、玻璃杯、小偷

请你做破壁人

最好的我都给你留在了最后。本章是九道相当难的谜题，这些题会让你想得抓耳挠腮。请你坚持，不要太早放弃。也许你在一两天的苦思冥想后，就能想出某道题的答案呢。祝你好运！

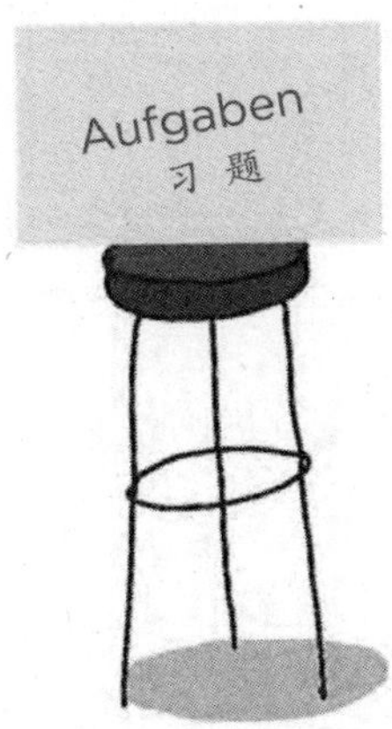

92. 50 枚硬币的决斗

如果能得到最多的钱，谁不想要？桌子上有 50 枚硬币排成一排。这些硬币的面值不同，我们也不可以移动它们。

在这个游戏里，你和你的对手可以交替从这一排硬币的左边或者右边的末端抽取一枚硬币。每个人在每次抽取的时候都可以重新决定从哪一边的末端抽取。由你先抽取。

这个游戏的目的是——怎么可能不是——最后拿到比对手尽可能更多的钱。这一点儿也不简单，因为前面已经提到过，这些硬币的面值不同。每个硬币的面值是多少都无所谓，你怎么抽取这排硬币都行。当然，你肯定想赢。

请你证明，你始终可以在游戏最后至少拥有跟对手同样多的钱。

解题提示：如果寻求一种能捞取尽可能多的利益的策略，你就将这个游戏变得太难了。你可以凭借小小的优势来赢，不过，不得已时就获取正好与你对手相同多的钱就好了。请你不要找最好的策略，而是要找出尽可能简单且还能成功的策略。这种策略要在所有可想到的硬币分布里都能行得通，也就是尽可能地通用。

93. 提高自由的机会

下面这道题跟逻辑篇里（第 43 题）囚犯和帽子的问题很像，但是这道题更复杂一些。

三个男人被终身囚禁。然而，出乎意料的是，新监狱长同意给予他们一次减刑的机会。不过，只有当他们之中至少有一个人正确地说出自己的帽子颜色，且没有人说出错误的颜色时，他们才能得到这个机会。他们也被允许不做任何回答，也就是不说出任何颜色。

监狱长给他们三个人展示了两堆帽子：一堆是白色的，另一堆是黑色的。“我将从后面给你们戴上一顶帽子，帽子颜色是随机选择的。”这些囚犯看不到他们自己的帽子，但是可以看到同伴的。他们相互之间不允许说话，同时也不允许以其他任何方式告知对方。

“如果你们当中的两个人没有回答，第三个人随机选择了一个颜色，那么你们得到自由的机会就是50%。”监狱长解释道，“但是你们这些聪明人也许还可以找出让你们的机会提高的策略，你们现在可以互相商量。一个小时之后我再来给你们戴上帽子。”

这三个囚犯可以提高他们得到自由的机会吗？如果可以，该怎么做？

94. 玻璃杯的跌落测试

有一家工厂专门生产不容易破碎的玻璃杯。即使这些玻璃杯从很高的楼上摔下来，撞击到混凝土地面也完好无损。但是，这家工厂每天生产的玻璃杯硬度不稳定。这取决于补充添加物和调节温度的时候，工作人员在熔液中加工玻璃杯的操作水平。但一天内生产的所有玻璃杯的质量始终一致。

每天晚上，质检员会从当天的产品中取出一个玻璃杯，并让它在测试塔中从逐渐加高的楼层上往下跌落，直到它摔碎为止。这座测试塔共 10 层。因此，为了找出玻璃杯最高从哪层楼摔下来可以毫无损伤，最麻烦的情况是质检员必须将玻璃杯跌落 10 次。

不过，在测试塔里跑上跑下不停地测试总是让质检员筋疲力尽。所以，有一天晚上他想到了一个主意：不用一个玻璃杯，而是用两个玻璃杯来做跌落测试。如果第一个玻璃杯摔碎了，他还可以用第二个玻璃杯继续做测试。

请问，如果质检员用两个玻璃杯来测试每日产品最高从哪层楼跌落毫无破损，最多需要多少次测试？

给喜欢难度更大一些的人：如果测试塔有 101 层高，请解答这道题。

提示：测试塔有一层底楼，再往上有 10 层楼。除此之外，我们认为，只要一个玻璃杯在落地的时候没有破碎，就当作这个玻璃杯没有受到任何损害，也没有裂缝。并且，玻璃杯不会在下一次撞击中更容易破碎。

95.“薛定谔”的储物柜

在一所高级文理中学的巨大地下室里，正好有 500 个储物柜。开学第一天，储物柜的所有者们决定做一个疯狂的举动。刚开始所有的储物柜都是关着的：1 号学生路过所有 500 个储物柜，并将它们都打开；2 号学生则关闭每个“第二个”储物柜，也就是所有偶数个的储物柜；3 号学生改变每个“第三个”储物柜的状态（关闭或打开）；4 号学生改变每个“第四个”储物柜的状态；以此类推，直到第 500 号学生将第 500 个储物柜的状态改变。

请问，哪些储物柜最后是呈打开状态的？

96. 战略性能源布局

在一座圆形的岛屿上，汽油紧缺。你想开车沿滨海公路环绕这座小岛一圈。公路边到处都有加油站，但是每个加油站只有很少量的汽油可用。把所有加油站的汽油全部加起来，才刚好够你环岛行驶一圈。

请你证明，当你的汽车没有燃料，但从正确的加油站出发时，你可以完成一圈环岛游。

提示：在你开车出发前，会先在第一个加油站加油。另外，我们还假设，你汽车的燃油消耗始终恒定。

97. 一张桌子、两个小偷、一堆硬币

我们不赌钱，但是下面这道题是个例外，因为硬币是题目的一个重要元素。两个小偷撬开了一台停车场自动收费机，掠来了一大堆 2 欧元的硬币。正好每个人可以从中分得一半。

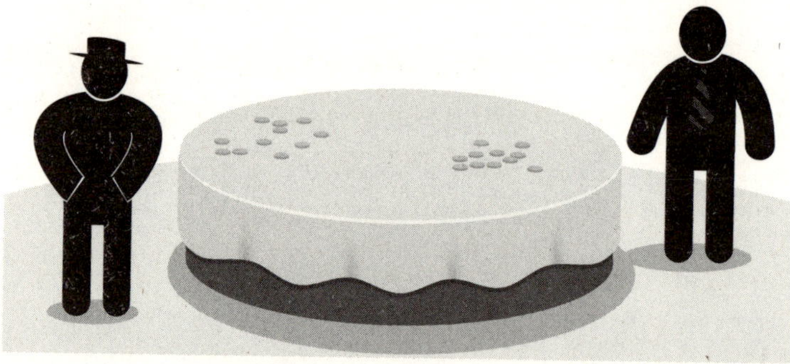

这两个人仍陶醉于他们的强盗行径之中，还想要立刻动身，继续撬开其他的收费机。但是他们知道，就在这个晚上，警察加强了巡逻，他们最好待在自己家里。然而，他们想到了一个主意——赌钱，毕竟赌钱可以产生紧张刺激感，对赢家来说甚至还会感受到幸福时刻。于是他们就想出了以下游戏：

两个人坐在一张圆桌旁，每个人轮流交替放下一枚硬币。这些 2 欧元硬币可以放在任意位置，但是必须平放，互相之间既不允许接触，也不允许将硬币重叠起来或者移动已经放好的硬币。

两个人放的硬币越多，桌子就越满。谁先放不下硬币，谁就输了。然后所有放在桌子上的 2 欧元硬币就都归赢家。

问题：谁一定能赢得这场游戏？是第一个先放硬币的人，还是第二个放硬币的人？赢家必须要采用哪种策略？

98. 只由 0 和 1 组成的自然数

下面的问题几乎让我想得发疯。我曾经完全不知道该如何解开它。当我在数小时苦思冥想之后不得不看答案时，我惊呆了。只有几行字！但是请你务必要尝试一下。

已知一个自然数 n。请你证明，有一个 n 的倍数，它的数字只由 0 和 1 组成。

99. 桌子上的 50 块表

这道题能把人折磨疯：一张桌子上有 50 块表。我们知道，所有分针移动的角速度相同。但是表也有可能快了或者慢了。

这些表大小都不相同，并且随机散布在一张桌子上。表盘也完全是随机校正的。

请你证明，一个小时内存在这样的一个时刻，从桌子中心到 50 个分针尖端的距离的总和大于桌子中心到这些表盘中心的距离的总和。

100. 谁与谁握手

凯和米瑞加纳夫妇来到一个派对。在这个派对上，他们遇到了其他 4 对夫妇。主人想出了一个特别的小游戏来欢迎大家：每个人都要与在场的所有不认识的人握手。

过了一会儿，凯询问了一圈并确定，其他 9 个在场的人，每个人都跟不同数量的人握手了。

请问，米瑞加纳女士与多少个人握手了？

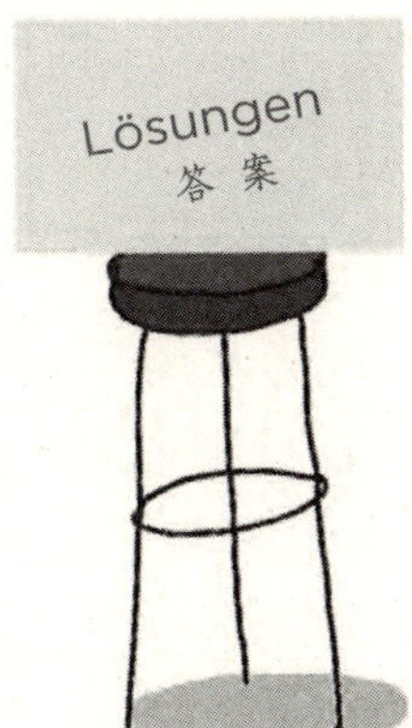
Lösungen
答案

92. 50 枚硬币的决斗

你可以从左到右将这些硬币用 1~50 编号，编号与它们的面值完全无关。然后，这对你来说就相当简单了：根据编号，要么抽取所有偶数号硬币，要么抽取所有奇数号硬币。

你必须在抽取第一个硬币之前计算出，哪 25 枚硬币更值钱——是偶数还是奇数。然后你的对手就必须抽取另 25 枚硬币，这样无论如何他都不会赢。

如果 25 枚偶数号硬币比 25 枚奇数号硬币更值钱，那就将 50 号作为第一枚要抽取的硬币。你的对手就只能在 1 号和 49 号之间选择，两个都是奇数。当他抽取后，这排硬币的终端就又是偶数号的硬币——2 号或者 48 号。这就是你要抽取的下一枚硬币。如此继续，直到最后一枚硬币。

如果奇数号硬币更值钱，你就先抽取 1 号硬币，然后再按照上面相似的策略继续抽取所有奇数号硬币。

当偶数号和奇数号硬币的面值总和相同时，你必须选取其中一方（偶数或者奇数），然后根据上面的方式采取行动。最后，你的对手绝无可能比你的钱更多，而是只能相同多。

93. 提高自由的机会

这三个囚犯有 75% 的概率可能被释放。

帽子颜色有八种不同的分布，所有分布的概率相同。

	A	B	C
1	白色	白色	白色
2	白色	白色	黑色
3	白色	黑色	白色
4	白色	黑色	黑色
5	黑色	白色	白色
6	黑色	白色	黑色
7	黑色	黑色	白色
8	黑色	黑色	黑色

现在这三个人可以采用以下策略：当监狱长询问的时候，第一个囚犯，我们称为 A，观察其他两个人的帽子。如果这两个人的帽子颜色相同，那么他就说出另一种颜色。如果两个人的帽子颜色不同，那么他就不做回答。分析如下：

1）B 和 C 的帽子颜色相同。在情况 1 和 8 中，第一个人的答案是错误的；在情况 4 和 5 中，第一个人的答案是正确的，其他两个人的帽子颜色符合答案。A 有 50% 的可能性猜对他的帽子颜色（情况 1，4，5，8）。

2）B 和 C 的帽子颜色不同。当第一个被问的人（A）没有回答，那么第二个被问的人（B）就会推断出他自己的帽子颜色。他只需要看 C 戴了什么颜色的帽子，就知道自己戴了另一个颜色。因此，这种策略总是指向正确的答案，另外在 C 那里也是同样情形。

C 也可以从 B 的帽子颜色推断出自己的颜色。这四种情况（2，3，6，7）的正确概率是 100%。我们现在可以算出总概率了，就是 $\frac{1}{2}\times 50\%+\frac{1}{2}\times 100\%=75\%$。

94. 玻璃杯的跌落测试

只需要 4 次测试。

第一次跌落测试在第 4 层楼进行。如果玻璃杯碎了，那么质检员就可以让二号玻璃杯从第 1、第 2 和第 3 层楼落下，以找出最高在哪层跌落可以完好无损。最多要做 4 次测试。

如果玻璃杯从第 4 层楼摔下完好无损，那么就继续到第 7 层楼。如果玻璃杯碎了，那么质检员就将第二个玻璃杯相继从第 5 层和第 6 层楼落下。这时，总共最多也是 4 次测试。

如果玻璃杯从第 7 层楼摔下仍然完好无损，那么就继续到第 9 层楼。如果玻璃杯碎了，那么就让剩下的玻璃杯从第 8 层楼落下。也是 4 次测试。

如果玻璃杯经受住了从第 9 层楼的跌落测试，质检员就必须上到第 10 层楼。总共需要最多 4 次测试。

另外，这道谜题源自 1996 年美国数学协会发行的《自行车在哪条路上？》（*Which Way Did the Bicycle Go？*）一书。不过在这本书里，测试塔有 36 层，需要最多 8 次测试。另外，101 层测试塔的答案是 14 次。给想要确切知道如何计算的人一个提示：针对任意楼层数，这个问题还有一种通用的解法。

95.“薛定谔”的储物柜

编号为二次幂的储物柜是打开的，即第 1，4，9，16，25，36，49，64，81，100，121，144，169，196，225，256，289，324，361，400，441，484 号。

设我们所要观察的储物柜为 n 号。它的状态被改变多少次，取决于它的因数数量。如果 j 和 k 是其两个因数，那么就有 $n=j\times k$。因数 j 和 k 成对出现。因为，当 j 为 n 的一个因数时，只会存在一个数 k 使得：$n=j\times k$。一个因数 j 不可能有两个不一样的同伴 k。因数 j 和 k 会如何影响储物柜 n 呢——完全没有影响，因为改变两次状态就如同没有改变。唯一的例外就是 $j=k$，这意味着 n 就是一个二次幂。在这种情况下，门就会保持打开的状态，因为只要它先是被打开了，之后就再也不会被关上。由此可得：当 n 为二次幂的时候，储物柜的门呈打开状态。而其他所有编号的门都是关闭着的。

96. 战略性能源布局

我们该如何面对这道题呢？在你到达下一个加油站之前，你不能让油箱空掉。面对许多未知数（加油站之间的距离、汽油量的分布），这道题似乎无解，但是，证明过程其实比我们想象的简单许多。

我们用思想实验来解答这道题。如果我们知道具体的情形，即加油站的数量、相互间的距离和汽油的油量，我们就能够找出必须从哪个加油站出发。

我们设想：在任意一个加油站出发的时候，汽车的油箱里已经有足够多的汽油让汽车完成环岛游。我们从随机选出的一个加油站开始环岛游，然后在所有加油站加油，像题目里规定的那样，也在第一个加油站加油。

然后我们观察环岛游期间的油箱液面高度。开车时，液面高度会直线下降。然而，当我们在每一个加油站都加油时，液

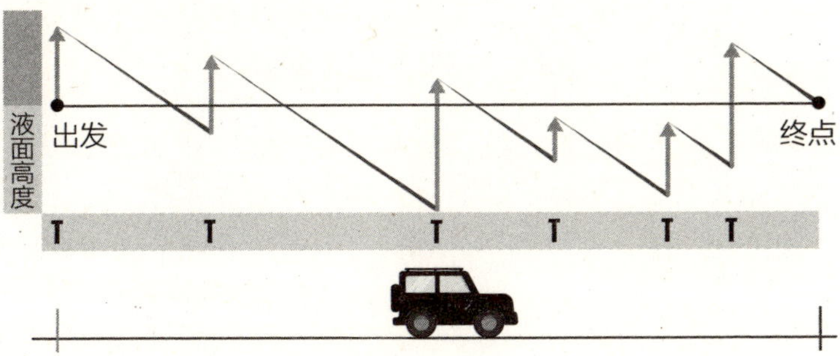

面高度就会垂直向上升高一段。前面这张示意图示范性地展示了环岛游期间油箱的液面高度。在最后，油箱里的汽油恰好跟在第一个加油站加油之前一样多，因为加进去的汽油正好就是消耗掉的汽油。

现在我们就只需要找出加油之前油箱液面高度最低的那个加油站。这个加油站就是我们要开始环岛游的出发点，因为我们知道，接下来环岛游时的油箱液面高度不会比在这个加油站（第一次加油之前）的数值更低了。这样，这道题就解决了！

97. 一张桌子、两个小偷、一堆硬币

先开始的赌徒可以将所有的硬币都拿走。

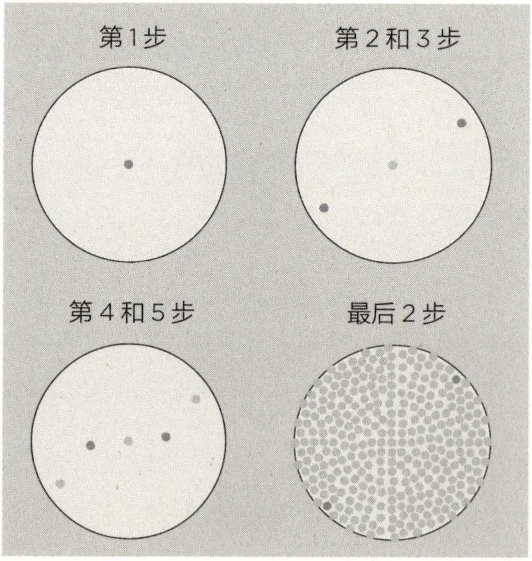

他只需将第一枚硬币放在桌子的正中间。第二个游戏者无论在哪里接着放一枚硬币，对第一个游戏者来说都无所谓了。

重要的是，第一个游戏者要将他的第二枚硬币正好放在第二个游戏者的硬币在这张桌子上的对称点上。从几何上来说，这三枚硬币形成了以中间放着的硬币为中心的点反射。

这个策略可以确保第一个游戏者始终能为自己的硬币找到空位置。因为只要第二个游戏者还能放得下一枚硬币，那么桌子对面就有空位给第一个游戏者。当不再有空位的时候，肯定就是轮到第二个游戏者放置硬币的时候。

98. 只由 0 和 1 组成的自然数

我首先想的是，从 n=1 到 n=9 这些一位数的答案是什么样的。这相对而言还比较简单：

2 × 5 = 10

3 × 37 = 111

4 × 25 = 100

5 × 20 = 100

6 × 185 = 1 110

7 × 143 = 1 001

8 × 125 = 1 000

9 × 12 345 679 = 111 111 111

但是，解答这道题，这些就没有什么用了。例如 n=25：最小的答案就是倍数 4，这个倍数比我们单独看数字 2 和 5 的倍数还要小。很明显，我们需要其他更通用的解法。你别说，还真有。

这个方法被称为（你应该已经很熟悉的）抽屉原理。当存在比抽屉数量更多的物体时，就一定至少有一个抽屉里含有两件物体。这听起来很抽象，但是这个证明方法非常管用，例如柏林人的头发那道题（见第 27 题）就能说明其用处。

我现在也将这种解答技巧套用到这道题上。任意一个自然数除以 n 时，余数就有 n 种不同的可能——从 0 到 n-1。我们来看一下只由数字 1 组成的数：n+1——最小的一个是 1，接着是 11，以此类推，直到最大的由 n+1 个“1”组成的数。

对于这些是 n+1 的数，除以 n 时，余数最多有 n 个不同的可能。那么就必须存在至少两个数，这两个数拥有相同的余数。当我们将这两个数相减，就会得到像 11111…00000 这样形式的一个数。它前面只有 1，后面只有 0，并能够被 n 整除。

99. 桌子上的 50 块表

这道钟表问题有多种解法。数学家彼得·温克勒（Peter Winkler）给出了一种解法。然而，我们不需要使用余弦函数及其类似函数，也能解出来。我们来仔细看看单独的一块表：

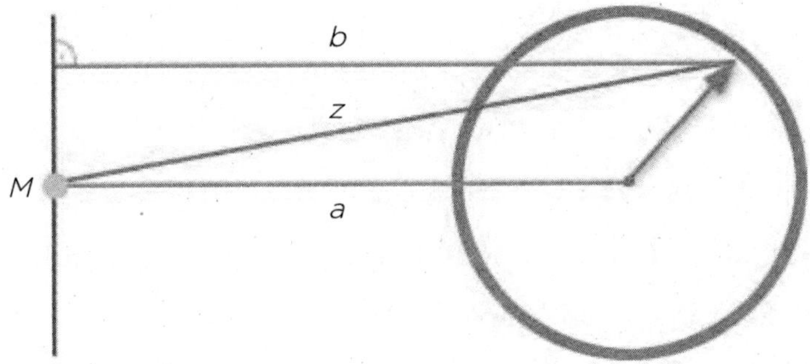

设 M 为桌子中心，桌子中心到表中心的距离为 a，分针尖端到桌子中心的距离为 z，通过桌子中心 M 并垂直于 a 的直线到分针尖端的距离为 b。

我们看到，在一个小时的时长里，b 的平均值正好是 a 的距离。同时，我们还能很清楚地看到，除了在两个地方 $z=b$ 之外，z 总是比 b 大。由此得出，在 60 分钟的时间段里，z 的平均距离比 a 大。

这段论述适用于所有 50 块表，也就是所有表的 z 的距离总和比 a 的距离总和大。而这只有在 60 分钟里至少存在一个时间点，z 的总和比 a 的总和大时，才有可能。

100. 谁与谁握手

答案是 4 个人。

这道题的确很讨厌，因为我们除了米瑞加纳的名字之外，关于她的其他一切信息我们都一无所知。我们需要思考如何才能找到一些关于她的信息。

其实，我们知道她的信息比知道其他人的信息多一些。她的丈夫询问了剩下的 9 个客人（包括米瑞加纳），但是没有包括自己。每个人跟人握手的次数都不相同这条陈述，不适用于凯，而是针对其他 9 名客人的。

因为每个客人最多可跟 8 个人握手，那么有可能的握手次数就是从 0（我认识所有人）到 8（我只认识我的配偶）。这些数字该如何分配到这些客人身上呢？我们先根据握手的次数来命名这些客人。

0 和 8 肯定是一对。如果他们不是一对，那么 8（不认识任何人）就该和 0 握手，0 就不会是 0 了。0 因为认识所有人，所以没有和任何人握手。而这是个无法调解的矛盾，所以 0 和 8 是一对夫妻。

同样，1 和 7 也肯定是一对。已经确定 7 除了和 0 以外的人都握手了——1 和 8 握手了。如果 1 和 7 不是一对，那么 7 就该与 1 握手，1 也就不再是 1 了，因为早已经跟 8 握过手了。这就矛盾了。

我们可以用同样的方式证明，2 与 6，3 与 5 各自都是一对。另外，还剩下 4——就是米瑞加纳的握手次数。另外凯也是 4，他与配偶同样握了 4 个人的手。因为凯确认了其他 9 位客人每个人握手的次数都不相同，但这一点不包括凯自己。所以，凯与他的夫人米瑞加纳都是 4 次。

致谢
DANK

写这本书对我而言，是莫大的快乐。感谢 Kiepenheuer & Witsch 出版社我的审稿人施特凡妮·克拉茨（Stephanie Kratz）女士，她以批判性的眼光帮助我将复杂的东西尽可能呈现得简明易懂。我还要向我的同事米夏埃尔·涅斯特特（Michael Niestedt）表达极大的感谢，他以无比的热情完成了这些谜题的图表制作。我还想感谢在这本书里被采用其意见的所有谜题爱好者和谜题搜集者。还要感谢我在《明镜周刊》网络版——“科学与健康”栏目板块的同事们，他们每周都在认真地校阅着我的谜题。

三个逻辑学家去酒吧

[德] 霍格尔·丹贝克 著
罗松洁 译

图书在版编目（CIP）数据

三个逻辑学家去酒吧 / (德) 霍格尔·丹贝克著；罗松洁译. — 5 版. — 北京：北京联合出版公司，2019.6（2025.12 重印）
ISBN 978-7-5596-3064-3

Ⅰ. ①三… Ⅱ. ①霍… ②罗… Ⅲ. ①逻辑学—通俗读物 Ⅳ. ① B81-49

中国版本图书馆 CIP 数据核字 (2019) 第 057314 号

Kommen drei Logiker in eine Bar

by Holger Dambeck

Originally published in the German language as
“Kommen drei Logiker in eine Bar”
by Holger Dambeck

北京市版权局著作权合同登记号 图字:01-2019-2134 号

选题策划 联合天际·王 微
责任编辑 李 伟
特约编辑 何 川
美术编辑 冉 冉
封面设计 汐 和

出 版 北京联合出版公司
北京市西城区德外大街 83 号楼 9 层 100088
发 行 北京联合天畅文化传播有限公司
印 刷 北京联兴盛业印刷股份有限公司
经 销 新华书店
字 数 100 千字
开 本 880 毫米 × 1230 毫米 1/32 8.75 印张
版 次 2019 年 6 月第 1 版 2025 年 12 月第 7 次印刷
I S B N 978-7-5596-3064-3
定 价 58.00 元

关注未读好书

客服咨询

本书若有质量问题，请与本公司图书销售中心联系调换
电话：(010) 52435752 (010) 64258472-800